AF430679

Qaxooti

**Xasuusaha Qaxii ka Dhashay Dagaalkii
Sokeeye ee Soomaaliya ee 1991**

Yuusuf Maxamad Xayd

Hibeyn

Waxaan si qadarin leh buuggan u hibaynaya dadkii ku
naf waayay, kuwii ku naafoobay iyo kuwii ku barakacay
dagaalksii ookeeye ee Somaaliya 1991.

Tusmo

Gogoldhig

Buuggani waxa u dabasocda buuggii Kalahaadka Mo-
qdisho ee Bodheri Warsame ka tarjumay buugga afka Ingri-
iska ku qoran ee 'Out of Mogadishu' ee ka hadlaya bilowgii
dagaalkii sokeeye ee Moqdisho ka qarxay 30kii Dhiseembar
1990. Buuggu wuxu ka waramaya dhibaatadii ka dhalatay da-
gaalka iyo halaagii ay la ku dhacay dadkii ka qaxay magaal-
ada Muqdisho iyo dalka intiisa kaleba ee galay dalalka deriska
iyo adduunka intiisa kale dalak ka mid ah. Si gaar ah waxa
buuggu ka hadlaya tacadiyadii dhacay, gaar ahaan kuwii qab-
saday dadkii u qaxay Jubooyinka iyo magaalada Kismaayo
oo ka mid ahaa jahooyinkii Muqdisho looga yaacay. Buuggu
waxa u ku dheraanaya dagaaladii Jubooyinka ku dhex maray
dawlada iyo kooxihii hardamayay iyo dhibatooyinkii ay u
gaysteen dadweynihii ay ku dul dagaalamayeen.

Dagaalkii Moqdisho ka qarxay waxa u muddo yar guda-
heed ku saameyay dadkii ku noola magaalo madaxda. Co-
laadda oo markii hore u dhaxaysay dawladda iyo jabhadaha,
gaar ahaan jabhadda USC, maalmo aan badnayn buu isu be-
delay colaad dabar goosatay oo saamaysay dhammaan dadka
Somaaliyeed. Waxay noqotay colaad dhiig badan ku daatay
oo xitaa aan la badbaadin birmagaydada. Ugu danbayn co-
laaddu waxay xadka dadnimada ka gudubtay markay ka dhex
qaraxday beelaha waaweyn ee Somaalida gaar ahaan Daa-
rood iyo Hawiye.

Maalmo marku dagaalku socday waxa shiiqay dadaalkii
dawladda Kacaanku ay doonaysay inay ku soo celiso xasi-
iloonida iyo kala danbaynta. Waxa kor maray awoodii jab-

"

hadda USC oo ay ku biireen beelihii Hawiye oo ahaa dadka ugu badan ee Muqdisho ku nool. Waxa kale oo magaalada ka abuurmay kooxo budhcad ah oo cidwalba lahaa oo aan qofna badbaadinayn. Budhcadu waxay bulshadii magaalada degganayd ku noolayd isugu dartay dhac, dil iyo faraxumayn dadka argagax ku riday. Waxa kale oo colaada sii huriyay kooxo fara badn oo hubaysan oo beelihii Muqdisho ku noolaa qarkood abuureen si ay isu difacaan. Muddo yar gudaheed bey magaaladii camirayd noqotay goob holcaysa oo aan cidna ku noolaan karin. Xaaladdu halkaas markay marayso baan aniga iyo reerkaygu bishii Janwary 17, 1991 raacnay dadkii u qaxayay magaalada Kismayo.

Dadkii Muqdisho ka qaxay ee amnnidoonka ahaa, intii tagtay Kismaayo ma helin nabaday raadinayeen. Markay tagaynba waxa Jubooyinka ka qarxay dagaaladii muddada socday ee lagu riiqady ee dhex maray jabhadda USC iyo beelihii taagersana oo la dagaalamay beelihii Daarood oo is ururasaday. Muddo laba bilood ah markii la harddamay, waxa xooggagii ay hoggaaminaysay jabhadda USC ee beelaha Hawiye iyo SNM oo taageersan u suurtowday inay Kismaayo.Waxay noqotay in dadkii qaxa ku yimi Kismayo ee Daroodka u badna ay mar labaad barakacaan oo ay u yacaan Kenya, Itobiyo iyo meelo ka mid ah gobolada Somaaliya ee nabaddu ka jirtay. In badan oo beelaha Daarod ka mid ahaana waxay jabhadda USC ku qabsatay magaalada Kismayo.

Dadkii Kenya iyo Itobiya u qaxay waxay jidka kula kulmeen dhibaatooyin badan. Waxa ka dabategay USC iyo xoogagii la socday oo isugu daray dhac iyo dil. In badan oo dadkaas ka mid ah waxa dugaag ku cunay ama darxumo ugu dhintay dhulka ayda ah ee u dhaxeeya Somaaliya iyo Kenya.

Dad badan oo kalena waxay ku le'deen badweynta Indiya markii doonyahay ku qaxeen qaraqmeen.

Maalintii xooggaga jahadda USC hogaaminaysay qab-sadeen Kismaayo, waxan aniga iyo qoyskaygu ka mid ahayn dad raacay doon u socotay Bariga Somaaliya. Socdaal rafaad badan oo maalmo badan qaatay ka dib, waxay doonti tagtay magalada Eyl. Isla maalintiiba waxaan u gudubnay magaalda Boosaaso, muddo ka dibna waxaan u talownay mgaalada Jibuuti. Muddo markan Jibuuti joognay baan haddana u gudubnay magaalada Qaahira ee dalka Masar, annaga oo sii maray magaalada Adhis Ababa. Muddo seddex sannadood ah markaan naawilaynay inaan u gudubno Yurub ama Ameerika baan ugu danbayn naloo ogolaaday inaan qaxooti ahaan ku galo dalka Maraykanka.

Nolosha qaxootigu kala kulmay dalka Maraykanka ma fududayn, waxana ka hor yimi dhibaatooyin badan. Korinta ubadka iyo ku ababinta diinta Islaamka iyo dhaqanka So-maaliyeed, waxay ahayd arrin culus oo ay dhibaato kala kul-meen.Waxa kale oo qaxootiga Somaalida ee Maraykan galay caqabad ku noqotay barashada afka Ingriiska, fahamka dhaqanka dadka Maraykanka iyo fahamka xeerarka iyo shu-ruucda qof walba ku khasbanyahay inu raaco. Dadka Somaal-ida intooda badan waxa kale oo dhibaato weyn ku noqday cimilada, helista shaqooyin, maaraynta nolosha qoyska iyo ilaalinta xeerarka bulshada ee aan qorayn.

In badan oo ka mid ah Somaalida u qaxay dalka Maraykanka waxay ku riiqdeen dhibatooyinkii ka hor yimi, waxayna inta badan iyaga iyo ubadkooduba ku dhaceen ka gungaaridda noloshay raadinayeen ee ay islahayeen waad ku baraaraaraysiin.

Qaxootigu iyaga oo dhibatooyinkaas la kulmay bey haddana nasiib wanaag in ka mid ah Somaalida ku guulaysteen iny gaaraan horumar macno leh. Waxay guul ka soo hoyeen waxbarashada iyo siyaasadda dalka Maraykanka. Waxay inta badan ilasheen dhaqankooda, waxayna kaalin muuqata kaga jiraan oogida dhaqanka Islaamka ee dalka Maraykanka. In badan oo ka mid ah Somaalida Maraykanka guusha ka soo hooyay, waxay ka mid yihiin xooggaga dib ugu laabanaya dalkooda ee dhisaya Somaaliyada cusub. Buuggani oo ah waa dhammaystirkii xasuustii dagaalkii lagu riiqday ee Muqdisho ka qarxay 1990, wuxuuna inta badan ka hadlayaa qoraaga buugga iyo reerkiisa dhulkay cagta mariyeen intay qaxa ku jireen iyo wacyiga yaal dhulalkaas. Waxa kale oo buuggu dul ka xaadin ku samaynaya saamaynata dhinac walaba leh ee laga dhaxlay dagaalkii1 1991.

Cutubka 1 aad

Bilowgii Barakaca

Dagaalkii Moqdisho ka qarxay Diseembar 30, 1991; laba toddobaad gudahood buu dadkii magaalada ku noolaa ka dhigay in dhimatay iyo intii badnayd oo magaalada ka qaxay. Waxa magaalada ku haray dad qax diyaar u ah iyo dhinacyadii dagaallamayay ee dawladii Kacaanka iyo jabhadii USC iyo dadkii taageersana. Waxay labada dhinac ee dagaalamayay wadeen daadinta dhiggooda iyo dhigga shacabka aan waxba galabsan oo aan is difaaci karin. Hardankoodu waxa u aha in midkood u haro gacan kuhaynta magaalada iyo dadka ku noolba.

Colaadu muddo yar gudaheed bey ku fiday dalka oo dhan.Waxaan maqalnay in jabhadaha USC, SNM iyo SSDF la dagaalamayaan ciidamadii fadhiyay Gobolada Waqooyi gaar ahaan magaalooyinka Boorame, Hargaysa iyo Burco iyo ciidamadii fadhiyay Gobolada Dhexe gaar ahaan magalooyinka Galkacyo, iyo Beledweyne, dadkiina magaalooyinkaas ka qaxay. Wararkasi waxay baqdin dheerad ah ku abureen dadkii caasimada Moqdisho ku nolaa ee si aan ka go' lahayn loogu dul dagaalamayay.

Inaan nabadi muuqan, colaadina fidayso markan arkay, baan bishii Janwari 17, 1991 goostay in Muqdisho oo aan 30 sano aniga iyo reerku ku noolayn oo aannu ku ilmodhallay ka huleelo, si aan uga badbaadno masiibada magaalada ku habsatay. Waxaan ahayn hooyaday oo naafo ah oo aan is maamuli karin, walaalkay iyo xaskiisa iyo laba carruur ah oo u dhalay iyo gabadh walaashay ah. Waxa muddo ka hor Kismaayo u qaxay oo naga horeeyay xaaskayga iyo afar carruur ah oo aan saddexna dhalay, wiilna aan qaraabo nahay oo aan filayay inay nabad ku guryo tageen. Ma jirin isgaarsiin aan Kismaayo ku la xiriirikaray si aan u hubiyo xaaladdooda. Muqdisho waxaan ka degganayn farayaamo (nijaarad) yar oo walaalkay laha oo aan u soo guuray markii dagaalku soo gaaray xaafadaan degganayn oo ahayd Afrikan Filej.

Subaxdaan Muqdisho ka baxaynay, intii aan salaadda subx la addamin baan reerka hurdada ka jafay oo aan diyaargarownay. Carruurtu caano aan la hayn bey u ooyayeen, waxana lagu aammusinayay badhax caano boodhe ah. Hooyaday xannuun bey ka cabanaysay oo waa taahaysay, kiniinkii qandhojebinta ee aan siinayayna wax waa u tari waayay. Dadka waaweyni gaajo ayan ka caban karin baa haysay oo xita biyo caleen shaah lagu kariyay mannaan haysan. Weli iyada oo aan cadceedu si fiican dhulka uga soo go'in, baa baabuurkii aan raacaynay ee noo ballansanaa garaashkan ku jirnay isa soo hor taagay oo hoonka garaacay. Irridii baan bobsiis u furay oo wadihi baaburka u sheegay inan diyar nahay.

Baabuurku waxa u ahaa xamuul raran, dad badana rarka ku dul fadhiyaan oo meel bannaan oo fiican aan lahayn. Dabayl dhaxan wadatana baa socotay oo dadka baabuurka saaran wey dednaayeen. Dhaqdhaqaaq badan may lahayn oo maydad wax badan ma dhaamin. Xaafada aan joognay buuqa ka socday iyo rasaasta ka dhacaysay badhtamaha magaalada baqdin bey nagu abuurayeen.

Walaashay waxay iridda kala booday xidhmooyin ka mid ah alaabtan wadannay oo baabuurka ku kor tuurtay oo intay ka daba boodday gaariga korkiisa u baxday. Waxay bilowday diyaarinta meeshii aan jiifin lahayn hooyo. Rakaabkii bey uga warrantay xaaladda hooyo iyada oo ka baryaysa inay dhinac isugu durkaan oo meel aan islaanta jiifino u baneyaan. Xaaska walaalkay waxay ku mashquushay aammusiinta carruurta, si ay baabuurka u la fuusho. Aniga iyo walaalkayna waxaan ir-ridda garaashka gaynnay hooyo oo aan labadayada oo quri baabuurka saari karin. Hooyo waxay saarayd kursiga naafada oo aad u culus.

Waxan u baaqnay rakaabkii baabuurka saarna si ay hooyo baabuurka noola saaraan. In kasta oo rag badan baabuurka ka soo degeen, haddana waa nagu adkaatay sidii aan hooyo dush baabuurka u gaarsiin lahayn. Waxay naga dhicigaartay dhowr jeer oo intay baqday ay taah iyo qaylo isku dartay. Waxaan la rafannaba ugu danbayn waxan ku guulaysanay inan saaro baabuurka oo jiifino bartii walaashay u diyaarisay. Aniga, walaalkay iyo walaashay waxan hooyo ka fariisanay goonyaha si aan loo jiidhin ama loogu joogsan. Shidhka baabuurka waxa ka muuqday dumar iyo carruur badan oo aan u maleeyay inay ahaayen reerka baabuurka leh, weyna dhici kartay in baabuurku aha mid la soo bililiqastay. baabuurku in-tusan dhaqaaqin baa nalaga ururiyay kiradii, iyada oo lagu af-gobaadsanayo in shidaal lagu iibinayo.

Marku babuurku dhaqaaqay, waxay dadku bilaabeen nabaadino xidh iyo Quraan akhris. Dadka ducadoodu waxay xambaarsanayd baqdin iyo werwer badan. Baabuurku marku dhawr luuq isu mary oo muddo warwareegay buu ku dhacay wadiiqo tegaysay waddada weyn ee Muqdisho ka baxda ee Afgooye aadda. Dadkii waxay u kurkursadeen safar dheer oo wuxu ku dabayndoono aan la ogayn. Waxaan maqlaynay hugunka hubka laysku ridayo oo ka imanayay goobaha da-gaalku ka socday ee bartama magaalada. Waxan niyaysannay inaan bedqab ku gaaro magaalada Kismaayo oo dad badani nooga horeeyay.

Waddada Afgooye tegaysay markii aan ku dhacnay baanu foodda gelinay dadkii qaxayay xoogooda. Baabuur nooc walba leh oo taxaddar la'aan laamiga u yaacayay baan dhinac ka raacnay. Hoonka baabuurta degdegsan baa gees walba ka baxayay. Baabuurta intooda badan waxay u socdeen jahada Afgooye. Tiro aan badnayn oo ay saaranyihiin rag aad u hubaysanina waxay u jeedeen dhinaca magaalada aan ka nimi. Kontrolka isgoyska Jaamacadda Ummadda ee jidka Afgooye baan ugu tagnay baabuur hoganaysa oo dablay hubaysan baaranayso. Annaga baabuurkayaga waxa saarna dhowr nin oo hub culus wata oo baabuurku watay oo waa nalaga bayrayay. Buuqa iyo baryada dadku waxay ahayd bulxan aan la garanayn. Inta Ilaahay baryaysay oo intay xabeebsadeen gacmaha cirka u taagayay ma yarayn. Waxa laga cabanayay xannibaada gardarada ah oo loogu daray xadgudubkii ay ka qaxayen. Waxa aan caloosha ka iska iri, aniga oo murugaysan, 'Oohintan dadow qosol baa ka horeeyay!'

Dadka waxa dhex xulayay rag wixii qiimo leh dadka ka qaadayay, gaar ahaan lacagta iyo dahabka. Qofkaan isdifaaci karin ee baryadiisu badato xoog baa looga qaadayay wixii laga helo. Budhcada qaar ka mid ah waxay kor ka ilalinayeen dhaqdhaqaqa baabuurta hoganaysa, iyaga oo fiiqsanaya shaah sigaarna buufinaya. Inay shaaha iyo sigaarka iibsadeen iyo inay xoog uga qaadeen dumarka jidka dhinaciisa ku iibinayay ma kala caddayn. Inay ahayen ciidammadii dawladda oo dharkii bedeshay iyo inay ka tirsanyihiin jabhadda USC ama mooryaanta ay xulafada yihiin la ma sheegi karin.

Dadka qaxayay qaarkood xaaladoodu wey liidatay. Qaar buka, kuwo dhaawac ah, iyo kuwo uur lihiba waa ku jireen.

Ciirsi aan baryo Alle ahayn dadkaasi ma hayn. Goobtu waxay u ekaatay kuwii dalalka dagaallada waaweyni ka dhacen ee dadku qaxa foosha xun galeen. Qofna ma malaynayn in rafaadkan oo kale dalka ku qabsanayo.Waxay ahayd, "Nin noolow maxaa aragti kuu laaban!"

Waqti ku dhow barqo dheer oo baabuurta, gaari-dameerada raran, iyo lugtu is qabsatay oo mooryaantii dadka inta badan baarteen baa nala sii daayay oo aan jidka Afgooye afka saaray. Waxan noo bilowday qax annaga oo aan hubin wax naga hor imandoona. Gadaal waxa noo muuqday qiiqa hubka magaal-ada ka dhacayay oo daruuro noqday oo hehaabayay. Waxa kale oo aan maqlaynay daryaanka rasaasta oo aan kala go' la-hayn. Qof waliba baabuurka meeshu ka fadhiyay buu isku nabay isaga niyaystay socdaal dheer oo wax u ku danbayn-doono aan la sadaalin karin. Xaaladdu waxay ahayd markii la oran jiray 'Afkaa juuqda gabay!'

Markaan muddo soconay oo aan marayno Siinka (anten-nada Muqdisho iyo Afgooye dhexdooda ku taal) buu oday i ag fadhiyay jaleeco wardoon ah igu bilaabay. Muddo marku jeesjeestay buu dhiiraday oo isaga oo hoos u jeeda yiri, "Waa tabaalo adduune tanina ma inoo dambaysay?" Uma jawaabine waxaan iska dhigay in aanan maqlin hadalkiisa oo waan is dhegoleeyay. Mar labaad buu isaga oo ka shakisan inaan maqlay iyo in kale, haddana intuu toos iigu soo jeestay codka kor u qaaday oo yiri, "Waar bal ii warran?" Aniga oo aan xiiso u muujin hadalkiisa baan ugu jawaabay, "Alle mahaddii! Had-dii aynnu noolnahay waxaynu sheegnaaba waa dambi."

Intu dhiiraday buu sii watay hadalkii isaga oo leh, "Qaxa baa rafiiq inaga dhigaye isukay sheeg."

"Yusuf baa laygu yeera," baan ugu jawaabay.

"Ahmed baa lay yirahda. Afar carruur ah iyo hooyadood

baan nahay. Mooryaan baa gurigii debedda nooga soo tuur-
ay. Annaga oo faro maran baannu ka soo yaacnay xaafaddaan
degganayn. Waa Ilaah mahaddii haddii ayan gabdhaha iga
kufsan!" Ayuu ku guuxay isaga oo tiiraanyo ka muuqdo.
Labadayadaba dan bey u ahayd inaan sheekada dheerayno, si
aan xaalada adag ee aan ku jiro isu ilowsiino. Waxaan uga
sheekeeyay intaan soo rafanay iyo hooyaday oo naafo ah
dhibta naga qabsatay. Waxan u gogol xaadhayay inan gacan
ka helo, isaga iyo wiilashiisa markay noqoto inan hooyaday
baabuurka ka dejinno.

Wuxu ii dulmary Somaali cidday ka yihiin isaga oo uga
dan leh inu ogaado cidda aan ahay. Waxa iga yaabiyay siday
qabyaalada u amminsanyihiin dadka Somaaliyed. Iyada oo
qabyaaladi guryaha naga soo saartay oo aan qaxayno buu
odaygu weli u arkaa inay muhim tahay oo doonaya inu
ogaado qof walba waxay isu yihiin.

Waddada Mugdisho iyo Afgooye u dhexaysa labada dhi-
nacba waxa tubna dad wardoon ah oo fara badan oo anfariir-
san oo la hubay inay ka werwersanyihin dagaalka Mogdisho
ka socda. Dadka wardoonka ah ee taagan waddada dhina-
cyadeeda waxay aad u bateen markaan gaaray jaamacadda
caanka ah ee Lafoole. Waxay u bahnaayeen cid uga waranta
dagaalka ka socday caasimada iyo waxa laga filan karo.
Dadka qaarkii waxay ku dhawaaqayeen, "Waar noo warama!
Dagaalkii xaguu maraya?" iyo erayo la mid ah. Cid waliba
waa qiyaasi kartay haddii dagaalku sii socdo inu meel kasta
oo dalka ka mid ah gaaridoono. Dadka xogdoonka ah cidna
uma jawaabayn.

Magaalada Afgooye markaan u dhownahay baan ku nimi
bar kontorool. Waxa tubna ciidan tuute calalo ah xiran oo
hubaysan. Dhawr baabuur oo gaboobay oo aan muraayado la-

hayn oo rag hubaysani saaranyahayna wey ag hoganaysay. Qaar colka ka mid ahina baabuurta qaxaysa bey joojinayeen oo baarayeen. Waxay ka urursanayeen wixii cunto iyo lacag ah ee ay ka helaan. Qaarkod aflagaado badan bey shubayeen oo hadaladooda waxa ka mid ahaa, "Ma ragii xiniinyaha weyna baa qaxaya?!"

Markay naga durkaan baa dadka baabuurka saaran ku xanshashaqayeen, 'Waa jabhadihii qaar ka mid ah! Iyaga ayaa Afgooye haysta!" Nin gees fadhiyay oo aad moodo inu xog dheraad ah hayo baa ku gurxamay, "Waxay xulufo la yihiin USC oo dhinaca KM4 bey Muqdisho ka gelayaan…"

Markay rarkii farteen, dadkiina baarten bey nasiidayeen. Waxan afka saaray waddadii tegaysay Marka, baabuur badanina waxay u lexdeen dhina buundada magaalada oo waxay u ekayd inay u socdaan dhinaca magaalada Baydhabo. Dadka wadada dhinacyadeeda tubnaa ma kala go'in oo eegmadooda baa laga garanayay inay u heellanyihiin warka dagaalka ka socday Muqdisho iyo saamaynta u ku yeelankaro noloshooda.

Muqdisho dadka reer Afgooye waxay u ahayd magaalada ay u iib geyaan waxyaabaha beerahooda ka soo go'a, xoolaha, xaabada oo noloshodu ku xirayd. Muddo markaan soconnay ee la kala degay, ayay dadkii baaburka saarna intii isu dhaweydba sheeko u badan dagaalka iyo dhulkaan maraynay faalleyeen. Waxa laga sheekeyay magaalada Afgooye. Waxa dadka qaarkii sheegeen in Afgooye tahay degmo caan ku ah ciyaar-dhaqameedka Istunka oo sannadkiiba mar xaafadaha magaaladu ku tartamaan. Waxa la rumaysanyahay in Istunku ka soo jeedo ciyarihii xadaarada Kuush ee Marawe ee dalka Sudaan. Nin magaalada si fiican u yaqaan baa sheekadii ku dheraaday, isaga oo leh, "Waxa magaalada dhex mara wabiga Shabeelle oo u ku noolyahay yaxaas dadka qaarkii iskaashi la leh." Wuxu ku daray, "Yaxaasku wuxu ka qaybqaata jacaylka dhallinyarada, isaga oo gabdhaha ka dafa wabiga qarkiisa markay biyo dhaansiga u yimadaan oo u geeya wiilasha sugaya."

Nin kale baa isaga oo qoslaya ku kaftamay, "Waxay ila tahay in taasi tahay sheeko ay dhallintu abuurtay si ay jecalkoda u hirgeliyaan oo aan loo eedayn haddii la qabto iyaga oo gabdho dafaya."

Wabiga mara magaalada waxa ku yaal laba buundo oo caan ah. Qabaallo bey dadku labada dhinac ee wabiga ugu kala gudbaan. Dadka Degmada Afgooye waxa aad loogu qaddariya aqoonta diiniga, xafidka Quraan, oogidda nashaadka Islaamka. Magaalada oo 30 kiilomitir u jirta Muqdisho oo inta badan ku tiirsan Agooye, Shalaanbood, Jannaale iyo magalooyin kale oo badan.

Gumaysigii Talyaaniga isaga oo doonayay inu gudaha u galo degaanka Afgooye, marku badda ka soo degay qarnigii 19aad, waxa ka hor tegay saldanadii Afgooye degganayd ee dhulka waqtigaas xukuntay. Degmadu waxay ka mid tahay meelihi dadkdu aad uga hor yimid isticmaarkii Talyaaniga marku dalka soo galay. Tuulada Lafoole oo ka tirsan degmada Afgooye waxa lagu xasuusta dagalkii la baxay Lafoole ee 25 Nofeembar 1896, dhex maray Talyaaniga oo u hoggaaminayay nin la oran jiray Antoniyo Shiiki iyo Somaalida. Dagaalkas Afgooye waxa lagu dilay dhammaan askartii ciidankii Talyaaniga ee dulaanka aha oo u badna Carab. .

Waxa u ka mid yahay dagalkasi dhacdooyinka ugu muhimsan ee guumaysidiidka Somaalida ee aan si fiican loo aqoon, waxna laga qorin. Dagaladi Somaalida ee iskacaabbinta gumaysiga ee xeebta Banaadir oo Afgoyana ka mid ahayd waxay socdeen 12 sano. Iskacaabintaas gumaysiga ee dadka xeebaha Banaadir waxa loo yaqaan Khamiis Fiinlow. Waxa kale oo ay degmada Afgooye caan ku tahay jaamacadda Lofoole ee macallimiinta oo ah jaamacaddii ugu horaysay ee dalka laga hirgeliyay.

Baabuurka aan la soconnay waxa u ahaa 'Trenta-quattro' lagu sameeyay dalka Talyaaniga oo dalka aad looga isticmaalo. Hay'adaha dawladda iyo kuwa caalamka ee Somaaliya fadhiyay waxay xammulka u isticmaalaan baabuurkas oo dagaalku marku bilowday la bilaabay in loo isticmaalo xammuul iyo dad qaadisba. Gaariga dushiisa waxaan ku saarayn dad soddon qof ka badan oo wayeel iyo bukaan u badan. Inta badan dadku waa jiifeen, waxana ka muuqday daal iyo welwel. Kolba qofka sheekada qaata kor buu u dhawaaqayay, si uu guuxa baabuurka uga kor maro. Muddo markaan soconnay baan soo gaaray bacaadcelintii Shalambood. Nin baa ka warramay dadalkii muddada dheer socday ee dadka iyo dawladdii Kacaanku u galeen siday u joojinlahayeen bacaadki xeebta ka imanayay oo ku dhawa inu dulmaro laamiga Afgoye iyo Marka isku xira, ilaa Kismaayana taga. Ninku wuxu yiri, "Shalambood waxa lagu xasuusta dadaalkii dadka Somaaliyeed u galeen joojinta bacaadkii xeebta ka imanayay ee laamiga iyo beeraha halista ku aha. Dadka bacadkaas joojay waxay inta badan ka iman jireen magaalada Muqdisho."

Nin kale baa raaciyay, "Dadkaasi waxay ka tageen dhaxal weyn; waayo beeraha keliya may badbaadine maantaba maynaan heleen meel aan marno haddii aan dadkaasi aragti dheer lahayn oo ayan bacaadka is hortaagin." Hadalkii buu sii watay oo ku daray, "Bacadcelinta waxa ka qaybgalay madaxda Kacaanka oo uu ugu horeyay madaxweynaha dalka Jaalle Maxamed Siyad Barre."

Intii sheekada la waday baa la sheegay inaan la simannahay magaalda Marka bidix naga xigto. Dad badan oo magaaloyinkas aqoon u leh baa taariikhdooda wax ka sheegay. Mid baa wuxu yiri, "Waxan maqlay in magaalada Marka la degay qarnigii 16aad. Waxa kale oo la sheega in bishii Oktoobar 11, 1893, markii Talyaanigu magaalada qabsaday, in askari Talyaani isku dayay inu calanka Talyaaniga saaro tiir dheer oo magaalada ku dhex yiil. Waxa ninkii weeraray geesi Somaaliyeed oo dilay, isagana bartii Talyaanigu ku toogtay."

Nin kale baa sheekadii la wareegay oo yiri, "Nasiibdarro geesigaas iyo kuwo kale ee badan oo kale oo Somaaliyeed oo naftooda u huray gobonimada dadka oo la xasuuqay intooda badan lama yaqaan lamana xuso."

Oday sheekooyinka rakaabka dhegaysanayay baa isaga oo aan cidna la hadlayn ku guuxay, "Ma kuwa maanta dhigooda macnadarida ku daadinaya baad xusida kuwii shahiiday ka sugaysaan?"

Magaalada Marka Talyaaniga ka hor, waxa ka taliyay boqortooyo Somaaliyeed oo kala dambeeyay oo ay ka mid ahayeen tii Gellediga iyo Biyamaalka. Markii hore Talyaaniga waxa ka hor tegay oo la dagaallamay saldanadii Biyamaalka oo abaabushay gulufkii loo baxshay 'Kacdoonkii Marka' oo is hortaagay gumaysiga intii u dhaxaysay 1896 ilaa 1926. Kacdoonkaasi wuxu ahaa mid ku baahsan Koofurta Somaaliya oo u dhigma kacdoonkii Darawiishta ee Sayid Moxamed Cabdule Xasan ee waqooyiga Somaaliya gumaysiga Ingriiska kula dagaalamay.

Markii danbe gumaysiga Talyaanigu waa ku xogaystay Shabeellada Hoose , wuxuna ka samaystay beero moos iyo dhisay loona bixiyay Dekaddii Mooska. Waxa kale oo uu gumaysiga Talyaanigu dhisay khad tareen oo isku xira Marka iyo Jannaale oo soo qaada mooska iyo suufka laga dhoofinayo dekeda Marka.

Anigu intaan Muqdisho ku noola, waxan booqan jiray magaalada Jannaale oo reer aan qaraabo nahay beer ku laha. Intaan halkaas tegayay waxan wax badan ka ogaaday taariikhda magaaladaas. Jannaale waxa asaasay koox Talyaani ah sannadkii 1924, waxayna sahleen in la dego. Talyaanigu waxay bilaabeen beero ay adegsanayeen xoogga dadka Somaaliyed oo khasab iyo lacag la'aan ku shaqaynayay. Dagaalkii Adduunka ee 2aad, waxay faashistihii Talyaanigu bilabeen inay beraan moos iyaga oo ka faa'iidaysanaya xoogga dadka Somaaliyed ee lacag la'aanta ah, mooska beeraha ka soo go'ana waxa loo dhoofin jiray dalka Talyaaniga. Sannadkii 1940, waxa la qiyaasa in nawaaxiga Jannaale ay ku noolaayeen dad lagu qiyaasay 3000 oo Talyaani ah iyo boqollaal carruur ah oo ay ka dhaleen Somaaliday gumaysanayeen. Dad badan baa rumaysan in Somaaliya gumaysigii ugu foosha xumaa ee soo maray u aha kii Jannaale iyo tuulooyinka Shalambod hoos taga.

Baabuurkaan saarayn wuxu goor ay galab tahay isa soo taagay tuulada Muddul oo ku taal afaafka hore ee magaalada Baraawe. Magaalda waxa hoos looga degayay tuuladaas yar. Baraawe waxay ku taal xeeb aad u ballaaran oo qurux badan. Darawalkii baabuurku wuxu raacay codsigii rakaabka oo wuxu dadkii kala geeyay meelihii kala duwanaa ee ay codsadeen. Aniga iyo reerkaygu waxan codsannay in nala geeyo guryaha Danwadaagta Kaluumaysiga oo aan ku ogayn dad aan qaraabo nahay.

Danwadaagta Kallumaysigu waxay ahayd xaafadda ay degganaayeen dadkii laga soo raray Abaartii gobolka Togdheer ku dhufatay sannadkii 1974 ee xoolihii ka baxeen. Magaaladu waxay ka mid ahayd dhowr degaan oo ku yiil

Shabeellada Hoose oo qaar ka mid ah dadkii abaaraha laga soo raray ee reer miyaga ahaa Kacaankii 21 Okotobar dejiyay, loona qaybiyay beeraley iyo kalluumaysato muddo yar gudaheedna isku filaansho gaaray.

Abaartii dabadheer ee 1974-1975 waxay goobo ka mid ah gobolka Togdheer oo keliya ku dishay in ka badan 100,000 oo qof, waxana barakicisay dad ka badan hal milyuun. Dawladdii Kacaanku iyada oo kaashanaysa dawladihii ay xuluufada ahayeen oo ay ugu weynayd Midowga Soofyeeti bey dadkii abaartu haleeshay ku daadgureysay diyaarado iyo baabuur oo dejisay Shabeellada Hoose, Shabeellada Dhexe, iyo Jubbooyinka. Goobaha ugu muhiims ee la dejiyay dadka waxa ka mid ah Sablaale iyo Dujuuma oo webiyada Shabeelle iyo Jubba saaran.

Baraawe waa Guri Barako

Magaalada Baraawe waxay ku taal xeebta badwaynta Hindiya oo goglan ilaa ili aragtay. Galabtaan tagnay, markii baabuurku istaagay xaafadii Iskashatada Kallumaysiga oo ku taala xeebta ee aan baabuurka ka degaynay baa dadkii nagu soo xoomay. Dadka intii jilicsanayd ee baabuurka saarayd oo ay hooyaday ugu horaysay baa la dejiyay. Markiiba guryo iyo ardaayo tabaryari ka muuqato baa gogol naloo dhigay, waxana naloo kenay wixi calaf la heli karay. Dad muddo dheer qatana oo gajaysan baan ahayn oo rashinkii oo masago u badana, saliid macsarena lagu bilbilay baan caasha dhignay. Waxan rumaystay wixi la sheegi jiray ee ahaa marka aad gaajooto quud kasta oo aad hesho waa macaanyahay.

Dadkan u nimi oo aad ugu oommana wararka dagaalka Mogadisho ka socda baa su'aalo aan kala go' lahayn nagu qarqiyay. Su'aalahooda waxa laga dhadhaminayay baqdin ay dadku doonayeen inay ogaadaan aafada Muqdisho intay u soo jirto. Dadkayaga Mogdishu ka soo qaxay oo ahaa mudankii reeraha, dadka aan u nimi waa ka xumayeen in jabkaas nagu dhaco oo aan ka faramadownahay adduunkii aan tacabnay.

Dhibaatada dhacday iyo saamaynta ay dadka Somaaliyeed ku yeelan doonto muddo badan oo soo socota, dadkaan u nimi uma muuqan ee waxay rabeen inay ogadaan sababta ka dambaysa waxa Mogadisho ka dhacaya iyo cidda loo aanaynayo. Wararka ay idaacadaha ka maqleen mooye xog kale dadku ma hayn.

Markan sooryadii dhamaysanay oo aan shaah ku rakaadanayno baa oday ka mid ah raggaan martida u ahayn hadalkii qaatay oo yiri, "Bal qiimeya meesha aad ka timadeen colaadda taalay intay leegtahay?"

Walaalkay Xuseen oo agtayda fadhiyay baa hadlkii qaatay oo ku jawaabay, "Adeer, waxa dhacay wax laga sheekayn karo ma aha. Dad iyo duunyo midna ma baxsan oo waa laysku shufbeelay. Wixii hanti magaalada Muqdisho taalay, mid dawlo iyo mid gaaraba waxay noqdeen wax la boobay iyo wax la burburiyay ama la gubay. Dadkii Muqdisho ku noolaa waxay noqdeen wax dhintay, wax qaxay iyo wax Muqdisho lagu haysto. Habayaraate caasimadu dabaqabasho ma la-hayn."

Nin kale baa Xuseen hadalkii ka dhex galay, isaga oo leh, "Reeraheena maxa khasaare soo gaaray?"

Xuseen baa mar kale hadalkii ku noqday oo ugu jawaabay, "Inta aan ka warqabno, Ilaahay ha u naxariiste, rag u ku jiro Cabdi Mohamed Xayd iyo wilkisii Xasan waa la dilay. Waxa kale oo la dilay odaygii Dakhare ee aan qarabada ahayn iyo dhowr dumar ah oo ay ku jirto gabar Amina la oran jiray oo ay dhashay ina Raage. Magaaladu waa weyntay, dadkuna iskama wada war qabin. Dad badan baa la xasuuqay baa waddooyinka magaalada maydadkoodu daadsana. Inta gardarada lagu dilay aasidooda lagama gaarin oo meel walba xabbad baa ka wiifaysay. Waxa dhacay wax la suurayn karo ma aha oo waa la rogmaday."

Waxay u ekayd in dadkii aan u nimi siinay xog ay diyaar ku noqon karaan haddii colaaddu soo gaarto. Waxan siinnay war ay ku nagaan karaan ama ay ugu noqonkaraan dhulka hawdka ee laga soo rary abaarti Dabadheer 1975. Dadku waa garowsadeen in aafada ka socotay Muqdisho ay wada gaari karto dhammaan gobolladda dalka oo dhan.

Fiidki baan aniga oo la socda raggaan u nimi qaar ka mid ah, bartamaha magaalada u lugaynay. Waxa suuqa yaacayay dad badan oo la hubay in qaar badani ka mid ahayeen dadkii qaxa ku yimi. Waxad moodaysay dadkii magaalada deggana inay ka gureen oo ummad kale qabsatay. Waxay noqotay magaalo qaxooti sidii ayaxa ku soo degay. Dhisme bannaan lama arkayn oo dhammaan xafisyadi dawladda waa la buuxshay oo dab iyo qiiq baa baxayay, magaaladuna mugdi bey ahayd oo meelna if fiicani kama baxayn. Dad badan oo koox koox u socda baa dariiqyada taagna. cid amnniga ilaalinaysa wadoyinka kama muuqan oo qofka iyo alle cidi uma dhaxayn.

Dhallinyaro warfaafinta ka tirsanayd oo aan ka wada shaqaynjiray baan la kulmay. Waxay ii sheegen inay jogaan shaqaale ka tirsana warfaanfinta iyo fannaniin badan oo ay ka mid tahay fannaanaddii Sahro Daawo ee kooxda Durdur. Waxa kale oo la ii sheegay dad ka mid ah qoyska gabadh walaalkay u doonanayd inay degganyihiin bakhaarka Iskashatooyinka Beeraha. Dadkii la ii sheegay baan intii aan ka gaari karay soo booqday.

Waxaan ku horeeyay reerkii dumaashiday oo aan ugu tegay bakhaarkii la ii tilmaamay oo aan biyo iyo nal aan lahayn. Waxa deggana dad badan oo wata carruur in badani ooyaysay. Bakhaarka gudihiisa si fiican wax loo ma arkayn oo waxa qariyay qiiqa ka baxayay dababka wax lagu karsanayo, dhowr faynuus oo baxayayna iftiin fiican ma lahayn. Salaan iyo u caqllicelin wax dhaafsiisan reerka ma tari karin. Waxaan ku dadalay inaan ka dhaadhiciyo in dhibaatada dalka ku habsatay laga soo kabandoono.

Waxan goor fiid ah iyana ugu tegay goobtii la iigu tilmaamay fanaanadii Sahra Daawo. Waxay gambadh ku hor fadhiday cariish gabobay oo dayactir badan u baahan oo aan iftiin ka baxayn. Fannaanada waxa ka muuqday daal badan iyo werwer. May ahayn Sahradii ay adkayd in la arko ee riwaayadaheeda aad loo cammiri jiray. Markay aniga iyo raggi kale aragtay bey oohin iyo calaacal aan kala go' lahayn ka soo burqaday. Waxay ku celcelisay cabasho aan laga jawaabi karin oo ay ku haaraamaysay kuwa Muqdisho dabka ku shiday. Muddo markaan u tacsiyeynay baan annaga oo niyad xun u dhaqaaqnay xaafaddii aan ku soo degnay, annaga oo ka cararayna gudcurka la hubay inu magaalada daboolidoono.

Raggii magaalada deggana nin ka mid ah oo magaalada ku hadhayay oo qabay gabadh Barwaniyad ah baa nooga warramay xaskiisa iyo reerku la xididay. Ninkii baan la kaftamay aniga oo leh, "Adigu daaraha dhaadheer ee Reer Baraawe haddii aad gasho cidi kuuma imanayso oo xididkaa baa ku difacaya!"

Intu qoslay buu yiri, "Xididkay berigay boqortooyada ahayeen ee ay faradheerta xukumi jireen waa laga soo gudbay. Imminka iyaga ayaa faro ku gabbad ah!"

Intaan qoslay baan ku iri, "Horta side adiga oo gibil madow ah, oo weliba khaldaan ah oo hawd ka soo jeeda, reer Baraawe gabadha kuugu oggolaadeen?"

Intuu dholocadeeyay buu yiri, "Horta in gabadh reer Baraawe ah oo makhbiyad ah, in nin gibilmadow ah oo hawd ka yimi sheeko la gaaro waa adagtay. Hase ahaate raganimo dheraad ah iyo farsamo badan markan gabadha heshiinay, waxan oggolaaday shurudo ay reerku igu xireen oo aha in aan gabadha gurigeeda ku qabo oo aanan guri kale gay iyo in faradheer aanan guriga keenin." Intan kulligayo aad u qosolnay oo ninkii u hanbalyeynay baan macasalamaynay oo xaafadan degnay u cararnay.

Magaalada Baraawe waa magaalo taariikh weyn leh. Sida u qoray taariikhyahanka Maxamed Cumar Cismaan, magaaladu waxay ka mid tahay magaalooyinka ugu da'da weyn dalka Somaaliya, waana magaalo door weyn ka qaadatay fidinta diinta Islaamka, kuna caan ah ganacsiga iyo kalluumaysiga. Degaanka ay ku taal waxa Ilaahay ku manaystay khayraad dabici ah, waxayna ku taal meel juuquraafi ahan muhim ah. Anigu waxan ku hammiyi jiray inaan mar uun imaado magaaladan tariikhda guunka ah leh iimase surtobin.

Intii ka horaysay dhalashadii Kacanka 21 Oktoobar ee 1969, magaaladu waxay lahayd qayb ay degganyihiin dadka reer Baraawe ee cadcad oo ka soo jeeda qaruumo badan oo ay xiriir yesheen. Waa dad xadaaro fog leh oo dhismayaal dhadher oo dhagax ah dhistay oo hawenkoodu yihiin makhabiyo guryaha aan ka soo bixin intay dhallinta yihiin.

Dadka reer Baraawe waa dad farsamo yaqaan ah oo ragoodu sameyaan dharka alandiga oo caan ka ah Bariga Afrika. Waxa kale oo raggu ku xeeldheeryihiin farsamada maqaarka oo ay ka sameyaan kabaha, boorsooyinka iyo qalabka guryaha. Dumarka reer Baraawe waxay aad ugu xeel dheryihiin alaabo badan oo ay ka mid yihiin kofiyadaha oo ka mid noqday huga dhaqanka Somaaliyeed. Haweenka reer Baraawe waa macallimiinta dugsiyada Quraanka. Kacaanka 21 Oktobar aya dadka reer Baraawe, gaar ahaan haweenka da'yarta ah debedda u soo saaray oo hubiyay inay ka qaybqataan nolosha bulshada oo ay ka mid tahay waxbarashadu.

Sheekooyin badan ayaa jira oo ka hadlaya sidii loo degay iyo ciddii asaastay magaalada Baraawe, waxase loo badiya in nin la oran jiray Aw Cali uu asaaska magaalada laha. Sida la wariyay Aw Cali waxa u sahamiyay xeebta badda laga soo bilaabo Goobweyn oo u dhow Kismaayo ilaa laga soo gaaro Baraawe, isago goobaya meel ku habboon degaan. Muddo ka dib waxay la noqotay in la sal dhigo goobta markii danbe lagu magacaabay Baraawe. Halkas bey isaga iyo dadkii la socday dhirti ka jafeen oo degeen, qiyaasta taariikhdu markay ahayd 900.

Sheekh Aw Cali ka hor, waxa la sheega in dhulkaas ay ku nolaayeen beel la yirahdo Tunni Shangamas oo xoolo dhaqato ah. Waxa la rumaysanyahay in joogitaanka Tunnidu sheekha ku dhiirigelisay degidda dhulkas. Dadka qaar baa amminsan in Aw Cali naftiisu ka soo jeedo beesha Tunni Shangamaaska dhulkaas deggana.

Dad baa aamminsan in marku Aw Cali magaalada seeskeeda dhigay ka dib Tunidu soo degtay iyaga oo ka yimi dhanka xeebaha magaalada ku dhow. Waxa kale dadadkaasi rumaysanyihiin in Tunidu tahay dadkii ugu horeeyay ee magaaleeyay Baraawe muddo ka dibna dad kale ku soo bireen. Taariikhdaas laga soo bilaabo beelo kala duwan baa magaalada ku soo biiray oo reer Baraawe noqonayay.

Waxa la wariya in Tunnida ka dib ay magaalada ku soo biireen qabiilka la yiraahdo Gaala Warday oo uu xukumayay boqor la oran jiray Brawt. Dad baa rumaysan in magaca magaalada ee Baraawe u ka yimid magaca boqorka Wardayda oo dhulkaas samayn weyn ku yeeshay. Tunnida iyo Wardayda oo is kashi yeeshay waxay dhulkaas ku dhaqmeen muddo ku dhow 300 sano.

Markii la soo garay qarnigii 15naad, Braawe waxay noqotay dekad caalami ah oo ganacsigeedu gaaray ilaa Bariga fog ee Aasiya iyo Shiinaha. Sida lagu sheegay diwaanka boqorkii Shiinaha ee Huwade, sannadkii 1430, Baraawe waxay ka mid ahayd 18ka dekadood ee ugu caansan adduunka. Magaaladu waxay waagaas ka mid ahayd Saldanadii Ajuranka oo xukumaysay dhul ballaaran oo ka koobnaa Somaalida oo dhan iyo dhul badan oo maanta ka tirsan Itobiya iyo Keniya.

Markii la soo gaaray Sanadkii 1506, waxa dhacay dagaal Bortagiisku donayay inu ku qabsado dekada Baraawe iyo dhulkii saldanada Ajuuranku xukuntay qayb ka mid ah. Dagaalku muddo dheer marku socday, Bortagiiskuna qabsan kari wayay magaalada iyo dhulkii kale ee ku dhawaa, Baraawe wuu gubay. Mar kale sannadkii 1910, magaalada Baraawe waxay ka mid noqtay dhulkii Saldanadii Geledigu xukumaysay ee gumaysig Talyaaanigu gacanta ku dhigay ee xeebta Banaadir ku daray. In kasta oo Sheekh Uways al-Barawi oo sammankaas maqaan weyn ku lahaa dhulkaas abaabulay kacdoon sannadkii 1908, gumaysigi Talyaniga baa ka itaal roonaaday. Rabidda isticmaarka Talyaaniga waxa sahlay wadajir la'aan dadka reer Baraawe.

Dhinaca kale, Sheekhu wuxu ku guulaystay aflaxinta culimmo badan oo ay ka mid ahayeen Sheekh Uways, Sheikh Nureyni Sabiri, Sheikh Xaaji Sadiiq, Sheekh Qaasim al-Barawi, Sheikh Macallim Nuuri, Shariif Qullatayn iyo haweenayda caanka ah ee la siyaarto ee qasiidooyinka diiniga ah ee badan dejisay ee Maana Siti Xabiib Jamaaluddiin (Dada Masiti)[1]. Waxa aan soo qaadanayna tixdeeda caanka oo ku qoran lahjadda afka Barwaaniga oo ka mid ah afafka Somaalida[1]

Bacda Xayi (nolosha ka dib):
Bacda xayi ni mowti
chifa isiloowa
Bismillahi Andika
ni awali yakanzowa

Rabbi Rahmani Rahimu
 Rahmaye hurhombowa
Chirhombeni Rahmaye
Shaikhi kunaxarisowa
Ukarhi wa sakarati
Shaikhi kuchize kupowa
Shaikh Nureini nasimu
 Rahma mba kurhombelowa.
 Yiiko Jannatul Cadni
Ndaawo weena Hu pendoowa
Nda weena wa peenzela nto
Ruuxu zaawo Hu taloowa
Jamaca ya Muqarribiina
Wonte wa takunganyoowa
Nasuxba ya Nabiyyi
Qariibuye Hu wekoowa

Annaga waxa noo qorshaysnaa inaan Kismaayo tegno oo reerka qaybtii naga horeysay u tagno. Subaxdii markan hurdada ka toosnayba waxan u kacnay suuqa magaalada Baraawe si aan u kiraysano baabuur aan Kismaayo ku tagno. Wareeg badan iyo gorgortan muddo qaatay ka dib waxan la heshiinay baabuur xamuul ah oo korkiisa nalaga kireyay. Waxan ku ballanay inu noogu yimado xaafadii aan ku degnay.

Ballanka babuurka ka dib baan annaga oo afar ah, walaalkay iyo laba nin oo naga soo raacay xaafada, galnay makhaayad ku taal magaalada bartankeeda si aan uga shaahno, ragga magaalada ku harayana ula ballano. Waxan fariisanay meel gees ah oo aan dalabkii shaaha dhiibanay. In yar ka dib, waxa noo muuqday muran ka dhex taagan adeegihi makhaayada iyo dhallinyaro hubaysan. Muran badan ka dib waxa laysula tegay oday da' ah oo maqalka fadhiyay oo u muuqday inu makhaayada leeyahay.

Dhallinyarada oo shan ahaa, mid ka mid ah baa baasuke garabka u saarna oo aad moodaysay inu ku xaragoonayo, hase ahaate ku culusyahay. Waa caddayd inay ahayeen dadka ka soo yaacay Muqdisho ee fawdada ka faa'iidaysanaya ee boobka u socda. Odayga makhaayadu wuxu si qabow u baryay dhallinta, isaga oo leh, "Adeer lacagta cuntada iska bixiya, idinka oo mahadsan."

Muddo markii muranku socday buu wiilkii baasuuka sitay intu carooday oo qayshay, qorigii soo kala rogtay oo odaygii afka ka saaray oo yiri, "Lacagtii waatane afka kalaqad aan kugu shube!"

Odaygii oo naxdin iyo argaggax ku dhacay baa isku dhexyaacay oo ku cataabay, "Allahu Akbar! Ilah baa jira! Ilah baa jira! Iska taga lacagna idinkama rabo!"

Dhallintii budhcadka aha, iyaga oo aan lacag bixin oo baqdintii odayga ku qoslaya bay irridda ka boodeen. Waxaad moodaysay inay guul ka soo hoyeen hawl adag oo lagu daalay. Dadkii makhaayada ku jiray baa calacal isku daray iyaga oo ka yaabban masiibada aan waxba laga qaban karin ee ku habsatay! Waxay dadku ka hadlayeen dhibaatada dalka saamaysay iyo sida ayan u muuqan rejo dalka badbaadin karta.

Weli annaga oo makhaayadii fadhina oo sheeko iyo fiiqsi shaah no socdo, baan maqalay qarax aad u weyn oo meel aan naga fogayn ka dhacay. Makhaayadii baan debedda uga soo boodnay. Waxan aragnay arladii oo qiiq qariyay iyo tabakaayo ku dhaweyd makhaayada oo gubanaysa. Waxa dhulka dadsana maydad iyo bagaashtii tabakaayada taallay. Waxan ogaanay in dhallintii makhaayada ka soo baxday ay tabakayada istageen oo wiilkii basuukaha sitay qorigii ku qarxay. Waxa ololay tabakaayadii, waxana goobtii ku dhintay dhammaan dhalintii hororka ahayd ee makhaayada bobayay, dadkii tabakaayada ku jiray iyo dadkii agagaarka tabakaayada ku sugnaa. Waxa dumay dhismayaashii aagga ku dhawa! Faataxada inaan u maro intii ku dhimatay xaqdarada mooye wax ka dheeraad ah manaan qaban karin. Waxan aragnay fawdada dalka ka socotay tusaale ka mid ah iyo halkay gaari karto. Waa caddayd inay adkaandoonto mustaqbbilka in la xakameeyo dhibaata, haddii ha la helin dawlad iyo ciidamo qaran oo daacad ah.

"Dawlad la'aani waa taa!' Baa nin dadka dhex taagna ku cataabay isaga oo cirka eegaya.

Dad kale baa cabanayay iyaga oo leh, "Magaalada waa lagu soo duulay oo waa la boobaya! Maamul kama jiro. Booliskii amnnigu waa kala yaacay oo waa lays cunaya! Cid loo ergoodo lama garanayo oo nidaamkii dawlo waa la burburiyay!"

Astaamihii dawlo magaalada dhammaan wey ka suuleen. Waa qof iyo itaalkii oo maalin cad baa lays cunaya. Alle ka sokow cid loo cawdo ma jirto. Mustaqbilku inu madowyahay oo dalku god dheer ku dhacay wey caddayd.

Salaadda duhur markii laga soo jeystay oo aan diyraar nahay, baan hooyo iyo reerka intisii kale baabuurkii oo nooyimi saaray. Rag badan oo na anbabixinayay baa hooyo baabuurka nala saaray. Kursigii gacanta intaan ka dejinay baan meel nafis ah gogosha u dhignay, dumarkina hareraha ka fadhisteen. Baabuurku waa ka raryara kii aan Muqdisho ka soo raacnay. Marku dhaqaaqayba waxan ku dhacnay laamigii gaboobay ee Kismayo tegayay. Dhulku waxa u aha abaar iyo cidla' aan tuulo iyo magaalo midna lahayn. Intaan ku soconnay wadada Kismaayo tegaysay, dadka hareeraha jidka ka muuqday ma badnayn. Waxa jidka ilaa ili aragtay ku yiil ay jiq ah oo la hubay inay ku jiraan dugaag, ugaar, bahal hoose, iyo noole kaleba.

Intan soconay waxa wadada qarkeeda teltel uga muuqday siimankii Wasaaradda Boostada iyo Isgaarsiinta oo la diirtay oo lagala baxay batariyadii cadceeda ku shaqaynayay iyo dhammaan filooyinkii ku xirayd. Markaad u fiirsato xadgudubka dalka ka dhacay ee aan waxba la tixgelin, waxa kugu soo dhacaysa halkudhegii ahaa, 'Dal ba'ow yaa ku leh?!'

Wadada oo aad u xumay iyo gaariga oo gabow aha awgeed, waxaan gurguuranaba waxaan magaalada Jilib galnay fiid dambe. Magaalada qof naga mid ahi hore uma iman oo waxaan ka dhignayn dad duni cusub yimi. Waxay ahayd gudcur dam ah oo aanad waxba arkayn. Wax iftiin ah magalada ka ma baxayn, waxase marmar biligbilig laha tojaj anad arkayn cida sidata iyo waxa lagu ifinayo.

Baaburka waxa la jojay meel aan ku qiyaasay inay ahayd badhtamaha magaalada. Waxa baxayay hugun badan iyo sawaxan rag iyo dumar isugu jira. Qulqul biyood oo aan u maleeyay inu ahaa webiga Jubba baan maqlaynay. Buuqa dadka, sanqaraha aan la hubin waxay yihin, iyo gudcurka damta ah ee ku dadan magalada waxay sideen dareen dhiillo leh oo baqdin xanbaarsan

Waxa baabuurka soo fuulay dad badan oo rar soo saaray. Dadkii baaburka la socday qaar ka mid ah iyo rarkoodii oo taataabasho lagu raadinayeyna waa degeen. Baabuurka dushiisa, waxa aad iyo aad u kordhay buuqii iyo is riixriixa. Oogadii waxay noqotay gelgelin aan xaqdhawr, taxaddar, iyo qadarin midna aan lahayn oo lays dul marayo! Waxay noqotay in qof waliba alaabtiisa hoosta gashado, si aan looga qaadan. Waxan u werweray hooyo iyo carruurtii yaryarayd   ee walaalkay oo aan ka baqay dadka is jiiraya inay ku joogsadaan. Intan hooyo iyo carruurti isu riixnay baan intayadii kale hareeraha ka farisanay oo ku hagooganay. Muddo markii fawdadu socotay baa buuqii kala degay oo baaburkii loo dhaqaajay dhinaca magaalda Kismayo.

Magaalada Jilib waa magaalo taariikh mug weyn leh. Qarniyadii dhexena waxa ka talin jiray Saldanadii Gelledi. Suldaankii ugu dambeyay ee saldanada, Suldan Cisman Axmed marku geriyoday, Jilib waxa qabsaday gumaysigii Talyaaniga. Saldanada Gelledi ka hor magaalada Jilib waxay ka mid ahayd boqortooyadii Ajuraanka oo xukumaysay dhul ballaran oo ay ka mid ahaa Koonfurta Somaaliya, Bariga Itoobiya, Hobyo, Qallaafo iyo konfurta Kismaayo.

Muddo markii aan dhinaca Kismaayo u xawaaraynay baan gaarnay Goobweyn oo ah magaalo Kismaayo u jirta 15 kiloomitir oo ay marto diillinta dhulbaraha addunku (equater). Tuulada Goobweyn waxa deggan dad xoolo dhaqato iyo beeraley ah oo soo saara dalagyo ay ka mid yihiin masagada, mooska, cambaha, iyo dalagyo kale oo badan. Goobweyn waxay caan ku tahay dalaga   geedka qumbaha.

Tuulada Goobweyn waxa deggan dad tariikh fog leh oo ku caanbaxay waqtigii gumeystaha iyo ka horba ganacsiga iyo xiriirka ay la lahayeen badmareenadii adduunka ku gooshayay ee ganacsatada ahaa oo ay ka mid ahayeen Carabta iyo Hindida. Goobweyn waa degaan aad u qurux badan, waxana la sheega inay ka da' weyntahay magalada Kismayo. Goobweyn wabiga Jubba baa biyaha kaga dara Badaweynta Hindiya.

Maanla'aan Lagu Riiqday

Xilligaan magaalada Kismaayo galay, waxay ahayd habeenka gelinkiisa dambe oo waagu soo dhawyahay. Magaaladu waxay ahayd dam oo meelna nal kama baxayn, meherad furna lama arkayn, waddooyinkana dad ma marayn. Waxan baaburkii u tilmaannay guri caan ah oo naloo sheegay in reerka intii naga soo horraysay deggnyihii oo xeebta ku dhow. Waxa guriga degganaa dad badan oo magaalada qax ku yimi oo dumar iyo carruur u badan. Waxan hooyaday, walaashay, iyo reerkii walaalkay ku dejinay gurigaas, raggana waxa loo tilmaamay guri kale oo muuqday oo naloo sheegay in raggii oo dhami ay hurdaan.

Magaalada Kismaayo oo deked weyn leh, kuna taal koonfurta Somaaliya, gobolka Jubbada Hoose, waxay Muqdisho konfur-galbed ka xigta 528 kilomitir. Magaaladu waa caasimadda ganasiga ee konfurta dalka Somaaliya oo xidhiidh weyn oo ganacsi la leh gobolka Somaalida ee NFD ee Kenya, dalka Talyaanga iyo dalalka Carbed.

Magaalada iyo gobolka Jubada Hooseba waxa soo maray maamulo badan oo muddo dheer u kala dambeeyay. Qarniyadi hore, Kismaayo waxay ka mid ahayd maamul-magaaleedyo (ciy states) Somaaliyed oo ganacsi la laha xadaarooyinkii waweyna ee aduunka ka jiray. Qarniyadii dhexe, Kismaayo waxay ka mid ahayd Saldanadii Ajuraanka ee ka talinjirtay konfurta Somaaliya iyo bariga Itoobiya oo ka kobnayd inta u dhexaysa Hobyo, Qallaafo iyo Kismaayo, qarniyadii dambena Kismaayo waxa ka talin jiray Saldanadii Gellediga. Markii la soo garay sannadkii 1800, waxa taladii gobolka Kisaamayo ku taal la wareegay Saldanadii Boqow. Ugu dambayna Saldanadii Boqow waxa qabsaday gumaysigii Talyaaniga, marki Suladan Cusman Axmed geriyoday sannadki 1910. Sannadkaas wixi ka danbeyay, Kismaayo waxay ka mid noqotay dhulkii Somaalida ee Talayaanigu gumaysanayay.

Waxa mudan in la sheego intii u dhexaysay 1836 iyo1861 in Saldanadii Cummaan ee fadhigeedu ahaa Masqad ay xukumi jirtay Kismaayo iyo nawaaxiga ay ku taal. Markii saldanadii Sansibaar ee beriga Africa ka go'day saldanadii Cummaan, mamuladii Bariga Afrika ee hoos tagayay Masqad waxay heleen madaxbanaani dadkodu taladi qabtay.

Dhulkii Masqad ka xorobay waxa ka mid aha gasiirada Sansibar oo ku taal Bariga Afrika, sannadkii 1890na hoos tagtay mamulkii gumaysiga Ingriska oo qabsaday inta badan dhulka Bariga Afrika.Waxa ku xigay in bishii Juun 30, 1926, Ingrisku Kismaayo iyo dhulkii hoos imanayayba ku daray mamulki ay jaarka ahayeen ee Banaadir ee Talyanigu gumaysanayay. Dhulka Jubbaland ee ku haray gacanta Ingriiska oo ahaa NFD waxa Ingriisku ku daray dhulka Bariga Afrika ee u gumaysanayay oo markii dambe noqday qayb ka mid ah Kenya.

Maalinti noogu horaysay Kismaayo, duhurki markii la garay, magaalada waxa dhex qulqulayay dad aad u badan. Intooda badan waxay ahayeen dad la granayo inay qax ku yimadeen magaalada. Dadka eegmadooda aan ujeedada lahayn, waxa weheliyay murugo badan iyo werwer wajiyadooda ka muuqday. Waa caddayd in badankoodu ayan is aqoon oo kala shaki baa la dareemayay. Waxa kale oo magaalada yaacayay baabuur badan oo ay ku jiraan kuwii dawladu lahayd oo taar-gadii ku taal oo la soo bililiqaystay.

Magaaladu aad bay u kululayd oo reerii naga soo horeeyay manaan wada booqan. Goor ay galab tahay baa la ii sheegay inay fanaanadii caanka ahayd ee Saado Cali Warsame maga-alada joogto oo ay deggantahay qol ku yaal Isbitaalka Guud ee magaalada. Saado hooyadeed waxa dhashay walaashay Xaali Maxamed Xayd oo awoow baan u ahaa. In badan wax-aan ka wada tirsanayn Wasaaradda Warfaafinta iyo Hannuun-inta Dadweynaha ee Somaaliya. Madax badan oo dawladda ka tirsan baa Saado ku colaadiyay heestii caanka noqotay ee 'Land Cruser' ee ka waramaysay dhibaatadi dalka taalay.

Heesta habeenkii ay ka qaaday Golaha Hanuunita Dad-weynaha ee Muqdisho, waxay abuurtay dareen dadka So-maaliyeed shucuurtooda gilgilay. Habenkay heesta qaaday oo ahayd bisha Abriil 12, 1990 oo ku begnayd maalinta War-faafinta la xuso, waxa tiyaatirka fadhiyay oo daawanayay madaxweynaha Jamhuuriyadda Dimuqradiga ee Somaaliya, Jaalle Maxamad Siyad Bare, inta badan madaxda dawladda, dhiblomaasiyiinta dalka fadhiday iyo dadweyne aad u farabadan. Dad badan baa rumaysan inay heestu soo dedejisay burburkii dawladii Kacaanka iyo dhibaatada dalka ku habsa-tay ee kenay dagaalka iyo qaxa dadkii Somaaliyed kala fird-hiyay muddo yar gudaheed.

Fiid gooray tahay baan Saado ku booqday Isbitaalka ay degganayd oo dhowr shaqaale ah ay joogaan. Qol yar oo aan dhowr mitir ka weynayn bay dhinac ganbar ku fadhiday. Qolka waxa ka shidna faynus liifadda loo gaabiyay, dhinac kalena waxa yaalay furash khafiif ah oo go' cad saaranyahay. Waxa iyada si gaar ah u ilaalinayay oo irridda taagna rag tol-keed ah. Waxaan niyadda iska iri, 'Adduunyoy guriga be' oo laguguma waaro!'

Saado Cali waxa adkayd in la arko ballan la'aan intii nabadu dalka ka jirtay ee ay magaaladaMuqdisho degganayd. Madaxweynaha iyo qof kastaaba wuxu uga kici jiray fadhiga, sharaf weyn beyna u ahayd qof kasta la kulankeeda. Waa adkayd in la rumaysto Saado Cali baa nafteeda kala carartay Mugadisho oo tagtay Kismaayo, iyada oo ka baqanaysa inay dilaan dadkii dulmanaa ee ay u doodaysay! Sida la sheegay, waa adkayd in la rumaysto in fanaaniin ay Saado jaal ahayeen ay ku dharteen inay gawracayaan hadday qabtaan, iyaga oo rumaysna inay heesteedu kentay dhibaatada dalka ku habsa-tay!

Markan u tegay ee dhugtay werwerka ka muuqda baa calolxumo i saaqday oo aan uurka ka iri, 'Qabyaaladay guri-gaa be'!' Salaan ka dib baan agteeda salka dhigay. Waxa wa-jigeda ka muuqday daal badan, indhaheeduna way gursanaayeen oo waa caddayd inayan muddo dheer seexan. Sanqarta debedda ka baxaysa waa ka farkanaxaysay oo ind-haheedu albaaka kamay fuqayn. Markaan muddo ag fadhiyay baan ku iri, "Ii warran Saado?"

In muddo ah markay amusnayd bay tri, "Folxumada addu-unka waad aragtaa! Bal adigu ii warran! Carruurtii iyo reerka intiisii kale ka waran. Ma nabadqabaan?"

"Waannu wada nabad nimi. Waxa la dilay walaal Cabi Dhakaar iyo wiilkisii Xasan! Waxa kale oo la dilay odaygii abtiga iigu beegnaa ee Dakhare iyo gabadh aan abti u ahaa oo la oran jiray Amina! Ilaahay kuligood ha u naxaristo!"

Waxoogaa markay amusnayd baa ilmo ka soo bodday oo ay iga jeesatay. Aniga oo naftaydu aad u calol xun baan ku qaboojay, "Waa qaddar Alle! Qofna maalinta loo qory dhaafi maayo!" Waxan raciyay, "Qofna isma lahayn sidan baa dhacaysa oo har cad baa Somaalidu is cunaysa!"

Intay idho murugo xanbarsan igu soo egtay bay tiri, "Waxan moodayay in Somaalidu is dhaanto! Waxan moodayay inay jiraan kuwo dadka iyo dalka u danqanaya. Waxa muuqata in carruurta iyo hooyooyinka mooye dadka intiisa kale yihiin horor aan dad iyo duunyo midna dhaafayn"

"Waa nasibdaro weyn!" baan iri, aniga oo aan wax kale oo aan ugu caqli celiyo garanayn.

Waxay racisay, iyada oo hadalkii sii wadata,"Dalka waxa ka talinayay koox arxanlaawe ah. Waxaan modayay kuwii ka soo horjeday ee jabhadaha sheeganayay inay dhamaan oo dadka dhibaatada ka dul qaadayaan!"

Waan ku raacay oo aniga hadalkeeda u markhaati kacaya baa iri, "Dad badani sidaas bay modayeen!"

Hadalkii bay sii wadatay iyada oo leh, "Nasiibdaro, Jabhadihii lays lahaa wax bay badbaadinayaan baa ka daray oo dadkii ku bilaabay gumaad iyo qaxin aan muddo dheer laga soo waaqsanayn. Waxay qabriga ka soo saareen qabyaaladii aan 21 sano ka hor aasnay!" Muddo dheer markii aan sheekadii murugada lahayd wadnay baan kala hoyanay annaga oo aan hubin waaga beryayaa wuxu la iman doono.

Waxaan xasuustay heesta lagu edaynayo Saado Cali Warsame ee 'Land Cruzer' ee dadka qaarkii leeyahay waxay noo horseeday hoogga iyo halaagga, habenkay tiyaatirka Muqdisho ka qaadday. Sidaan kor ku soo sheegay, waxa xafladda fadhiyay madaxweynaha Jamhuuridda Dimuqradiga Somaaliya jaalle Moxamad Siyad Barre, madaxda dawladda in badan oo ka mid ah iyo dadweyne badan. Heestu waxay ahayd mid qiiro Somaalinimo xambaarsan, kana waramaysa dhibatada dadka iyo dalka haysata. Waxay heestu tilmaan fiican ka bixinaysay musuqmaasaqa dalka ka jiray iyo darxumada haysta shacabka. Heestu waxay is garabdhigaysay nolosha jannada ah ee madaxda dawladda iyo reerahoodu ku noolyihin iyo fakhriga iyo darxumada daashaday dadka Somaaliyeed.

Habeenkii ay Saado heesta qaaday, Madaxeynaha iyo wasiirada dawlada iyo sarakiisha ciidamadu waxay fadhiyeen kuraasta safka hore ee eegaya masraxa. Aniga oo ahaa agaasimaha telefishinka Somaaliyana, waxan fadhiyay safka labaad ee ka danbeeya safka madaxweynaha. Heestu waxay ahayd heestii ugu dambaysay ee xafladda habenkas Hobalada Waaberi ugu talagaleen xuska Maalinta Warfaafinta. Markii heestu soo gelaysay, waxa la soo dejay dahyada masraxa, waxana la shiiqiyay iftinkii masraxa iyo fadhiga madaxda iyo dadweynada daawanayay. Waxa ku xigay muusiq tiraayo xambaarsan oo in yar marku socday Saado ka soo muuqatay masraxa. Waxay cod murugo ku ladhantahay oo muusiq la socdo ku bilowday heesta 'Landh Kuruuser'. Dadkii xafladda dawanayay baa shib yiri oo dhammaan shanqarti joojiyay oo irbadii dhulka ku dhicda waa la maqli laha. Waxay ahayd waxaan la filayn oo ay adkayd in qofna ku dhaco inu cambaareeyo 'Kacaanka barakaysan', marka la eego gacantii birta ahayd ee dalka lagu xukumay. Anfarir iyo afkalaqaad bay ku noqotay madaxdii iyo dadweynihii daawanayay xafladda!

Xafladda waxa sawirayay (fidiyo) hal kamero keliya oo TVga qaranku laha oo u qaadayay filim qaadaha caanka ah ee Cabdiraxman Kawunda. Filinkii la qaaday ee xaflada oo ka mid noqday kaydkaTVga, waxa u mar danbe noqotay mid aniga iyo shaqalihi TVguba naftooda halis geliyay. Heesta miraheeda waxay ahayen[2]

---

[2]Ismail, Macallin yusuf Xasan, 2020, Sooyaalka iyo Suugaantii Saado Cali Warsam, Cairo, Egypt, Guuguule Publishing.

Waa maan gurracan iyo garasho jaan!
Laanguruusar gado
Soo bari galley
Gacal iyo toloow
 Ma guddoonsateen
 Baahidaa gudbane
Gurigeenna taal
Innagoon ka guban
 Gaadhi raaxon iyo
 Laanguruusar gado!
Guuxiisa mood
Gob inaad ku tahay Geeska Afrikow!
Gacmo hoorsi iyo
Gunnimo u badheedh
Soo bari galley
 Laanguruusar gado
Geydh qurxoon ku gedef
Sida gaari wacan Barafuun ku goo
Guuxiisa mood
Gob inaad ku tahay
 Geeska afrikow!
Laanguruusar gado
Gurigoo mugdiya
Biyuhuna go'een
Gabannadu jasheen
Soomaaley u gaar
 Iyo goonni tahay
 Oo lagu gartaa!
Guuxiisa mood
Gob inaan ku nahay
Geeska afrikow!

Markii xaflada lagu kala tegayba, waxay ciidanka NSStu gurigeeda ka qafaasheen Saado oo ku xireen Godka Jilicow oo caan ku aha rafaadin, jidhdil, iyo bahdil. Sidan muddo dambe maqlay, Madaxweynaha iyo madaxdii kaleba aad bay uga caroodeen heestaas tilmanta ka bixisay musuqmaasaqa dalka ka jiray iyo maamulxumida madaxda qaranka.

Si Saado loo badbaadiyo, waxa dadaal galay dad badan oo tol iyo asxaaba leh. Dhib iyo dadaal badan ka dib, waxa laga soo daayay Saado xabsigii Godka Jilicow, waxana la geyay guri u laha nin layiraahdo Maxamad Budhcad oo ganacsade aha, isla markaana qunsul sharafeed u aha dawladda Holand. Waxa loo arkay inay ahayd meesha qura ee ay ku badbaadayso, marka la eego dhawrista xeerka diblomaasiyada ee xayndaabka qunsuliyada. Waxa la garowsaday inaan Saado dalka ku sii noolan karin, loona baahanyahay in laga dhoofiyo. Isla markasna markay dalka debediisa tagto waxay u baahnayd inay caddayso in nafteeda oo halis gashay awgeed ay Somaaliya uga soo baxday oo ay nabagelyodoon tahay. Hadday dalka ka baxdo oo dal kale magangelyo weydiisato, waxay ahayd inay caddayso in nafteedu khatar ku gashay Somaaliya. Caddaynta qura ee ay heli kartayna waxay ahayd cajalladdii heesta 'Landh Kuruuser' ee Telefishinku ka duubay oo aan anigu hayay.

Waxa ila soo xiriiray qunsulka gurigiisa lagu hayay Sado iyo rag kale oo ku hawlana sidii Saado dalka looga dhofin laha oo iga codsaday inaan Saado siiyo cajalladda heestu ku duubanayd si ay markhaati ugu noqoto markay dalka debeddiisa tagto.

Raadka qura ee laga hayay xafladdii 12 Abriil ee 1990 iyo heesta 'Landh Kuruuser' waxay ahayd cajaladaas aan hayay. Haddii ay cajaladu gasho gacanta dadka ka horjeeday dawlada kacaanka, waa la hubay in loo adeegsanayo dacaayad iyo la dagaalanka dawlada iyo madaxda Kacaanka oo u ugu horeeyo madaxweyne Maxamed Siyad Bare. Dhinaca kale, wuxu ahaa arrin shaqalaha TVga oo aan ugu horeeyo khatar ku gelayno oo xabsi iyo ciqaaba ku mutaysan karo. In kasta oo aan dhinac walba ka tusay ragga gacanta ku hayay arinka Saado iyo dhibaatada ka imankarta cajaladda oo gacan kale gasha, haddana waa la garowsanwaayay oo waxa layga codsaday inan gabadha wax ka badbaadiyo. Ugu dambayntii, waxan oggolaaday inaan cajaladii siiyo Saado oo la qorsheeyay in si dhuumasho ah looga dhoofiyo garoonka dayaaradaha ee magaalada Muqadisho iyada oo loo bareerayo khataraha ku gadaaman.

Qorshaha dhofinta Saado Cali Warsame waxa hoggaminayay nin la oranjiray kornayl Cabdilaahi Shariif oo ay Saado tol ahayeen iyo rag kale oo badan oo qarkood dawladda madax ka ahaa. Nasiib daro, maalinti la dhoofin lahaa, markay garoonka dayaaradaha la geeyay baa la ogaaday in dawladu ogaatay qiddada dhoofka oo Saado dib loogu ceshay gurigii qunsulka. Iyada oo weli lagu hawlanyahay badbaadinta Saado baa dagalkii 1991 qarxay oo Moqdisho lagu kala yaacay. Ilaa maanta cajaladii TVgu meel ay ku dambesay ma sheegi karo! Ilahay ha u naxariiste, waan huba inay Saado ku dadaashay inaan cajaladu gacan kale gelin oo dhibato ii keenin.

Magaalada Kismaayo waxay ahayd magaalada ay u soo qaxeen dadkii ugu badnaa ee naftooda Muqdisho ka la cararayay marki dagaalka sokeeye qarxay. Dadka Kismaayo yimi waxay u badnaayen qabilooyinka Daroodka iyo beelaha Somaaliyed ee laga tirada badanyahay ee la hayb sooco. Moqdisho dadki uga qaxay dhinaca waqooyina waxay u badnaayeen dadka ka soo jeeday beelaha waqooyi. Sida naloo sheegay dadki Kismaayo nooga soo horeeyay ee qaxotiga aha intooda badan waxay la degeen tolkood iyo qaraabadood. Waxa kale oo ay degeen dhamman xafisyadii iyo xarumihii dawladda, dugsiyada waxbarashada, dhismayaashii warshadaha, iyo meel kasta oo dawladda ku magacawnayd. Waxa kale oo la degay meel kasta oo banaan oo magaalada ku tiil. Qof waliba marku salka meel dhigay, waxa loo jeestay sidii nolol loo abuuri laha. Dad badan oo hanti iyo magacba Muqdisho ku laha baa baa talo ku caddaatay oo meeshay degeen ku ekaaday. Dad badan oo sabool ahina waxay dhisteen waabab ay cuntooyinka danyarta ku diyaariyeen.

Magaalada waxa ka suulay hay'adihii adeegga bulshada iyo amniga oo boolisku ugu horeeyo. Waxa ooda jabsaday oo dadweynaha ku milmay maxabistii xabsiyada soo jabsay oo ay ku jiraan kuwii dilka loo haystay. Waxa magaaladu noqotay goob dhac, boob, iyo kufsi aan xad lahayn dugsanaysa. Waxay noqotay qof iyo xeeshi, sidu naftiisa iyo nafaha uu mas'ulka ka yahay u badbaadin laha. Dadka magaalada ku soo qaxay waxa ka mid aha dad badan oo ka fikirayay siday Keniya ugu gudbilahayeen oo raadinayay waxay raacaan.

Maalinba maalinta ka dambaysa, magaalada waxa ku soo biirayay qaxooti aan u dhalan, waxna haysan oo faramaran. Waxa adkatay maaraynta nolosha magaalo aan lahayn booliis, nabadsugid, iyo nidaam dadka kala haga midna. Waxa halis galay dadkii degaanka ka soo jeeday oo laga batay oo ay ka mid ahayeen Bajuunta. Nabadgelyada qof waliba waxay hoos tagtay reerka u ka soo jeedo. Markii la waayay kaladambayntii, sharciguna suulay xadgudubku waxa u noqday mid dhinac walba bulshada ka taabtay. In kasta oo waxgaradku isku dayeen in la xakameyo dhibatada, haddana suurtogal may noqon, sababtuna waxay ahayd magaalada oo ay isugu yimadeen ummad aan dhaqan hoose wadaagin.

Magaalada waxa hore u deganaa dad badan oo ku abtirsada reeraha USC taageera. Kuwo badan oo dadkaas ka mid ahi waxay magaalada ku haysteen ganacsiyo aad u waaweyn. Ganacsiyadaas waxa ka mid aha makhaayada magaalada ugu weyn oo ku talay arkada magaalada bartankeeda ku taal. Makhaayada waxa fariisanayay rag aad u badan oo cid walba leh oo maalin walba iman jiray. Waxa laga baqayay in dadka ka soo qaxay Muqdisho ee caraysan ay wax yeelo garsiyaan makhaayada dadka leh iyo dadka fariistaba iyaga oo is leh ka aargoosta dhibaatadii Muqdisho loogu geystay. Waxase farxad lahayd inaan dadkaas wax dhibato ah loo geysan, naftooda iyo maalkooda midna oo ay ka nabadgaleen dadkii qaxa ku yimi ee caraysna oo aan cidina tilmaansan.

Inkasta oo dhibaatada Xamar ka dhacday ay beelaha Soomaaliyeed cadaawad badan ku dhex abuurtay, haddana dhaqanka suuban lagama tegin oo dhibaato makhaayada kama dhicin. Waxa kale nabada ka qayb qaatay dadka makhaayad lahaa oo deegaanka ku lahaa isdhexgal adag oo salka ku hayay xididnimo iyo isku milan bahsan. Iyada oo ay sidaas tahay baa haddana qaar badan oo USC taageera baqdeen oo u gu-ureen Mugadisho iyo dhulka taageerada USC ku badantahy oo ay is lahayeen waa idiin nabadgelyo roontahay.

Maalinba maalinta ka dambaysa, magaalada waxa la maqlayay dhiilada ka dhalanaysay dhaca, dilka, iyo xadgudub yo kaleba. Magaaladu waxay noqotay goob geeri taalo oo fawdo ah oo marwalba muusanaw laga filayo!

Cutubka 4aad

Kooxaysi lagu Hungoobay

Magaalada Kismaayo waxa ku soo qaxay dad badan oo maalqabeen ah, qaar ka mid ahina ahayd madaxdii dawladda Kacaanka, sarakiishii ciidamada qaar ka mid ah, iyo dadweyne badan. Dadkasi waxay kala amminsanaayeen aragtiyo kala duwan. Qaar waxay taageerayeen Dawladda Kacaanka, qaarna waxay rumaysnaayeen in dhibaatada dadlaka dhacday ay mas'uul ka yihiin dawladda iyo jabhadaha dadweynaha ku dul dagaalamay. Waxa magaalada Kismaayo ka aburmay kooxo fara badan oo midba si u arkaysay xalka dhibaatada taagan ee dalka.

Kooxaha badan oo magaalada ka abuurmay wey iska soo horjeedeen, waxaana ugu tun weyna kooxda doonaysay in la difaaco dawlada Kacaanka ee u hogaminayay Jaalle Maxamed Siyad Barre oo dib loogu noqdo caasimada Moqdisho. Kooxdani waxay ka koobnayd qaar ka mid ah madaxda dawlada Kacaanka, sarakiisha ciidamada, ganacsato ku xirayd dawlada Kacaanka iyo dad kale oo siyaabo kala duwan dawlada ugu taxnaa oo qaraabo iyo tol la aha madaxweynaha ama madaxda dawladda qaar ka mid ah. Waxa kale oo ku jiray dad danaystayaal ah oo aan ka damqanayn dhibatada dalka ku habsatay. Dadkaas waxay ilashanayeen dano gaar ah oo ay dawlada ku qabeen. Kooxdan inteeda badani waxay degganayd hotelka Cascasey oo u lahaa nin Jaalle Moxamed Siyad Bare la qoys ah, waxayna kooxdani si joogto ah u shiri jireen subax iyo galab walba. Su'aasha kooxdan hortiil ee ay jawaabta u raadinayeen waxay ahayd, side u rogaalcelina oo u badbaadina dawladda Kacaanka ee jiritaankeeda dagaalka loogu jiro. Waqtiga kooxdu aburantay, madaxweynuhu wuxu ku sugna Villa Somaaliya iyo magaalada Muqdisho.

Caqabadda ugu weyn ee kooxdan haysatay waxay ahayd shacabka Somaaliyeed ee magaalada ku soo qaxay oo aan wax tixgelin ah aan u hayn oo ay ka takornaayeen. Dadku waxay rumaysnaayeen in dhibatada dhacday iyo burburka dalka ku habsaday ay kooxdu qayb ka tahay. Kooxda oo madax badan ka mid ahayeen, ragga ka tirsanaa waxa ka mid ahaa Cabdiqadir Xaaji Masaalle oo guddoomiye u ahaa Xisbiga Kacaanka iyo rag badan oo kale oo ka mid ahaan Golaha Dawladda iyo Xisbiga Hantiwadaga Kacaanka Somaaliyed. Waxay ahayeen rag ku noolan jiray duni gaar oo janno ah oo dadweynaha ka qarsoonayd. Waxay ahayeen rag lamataabtan ah oo aan xeer iyo dhaqan midna qaban.

Kooxdan doodoodu waxay u badnayd sidii ay Muqdisho ugu noqon lahayen oo xukunkii Kacaanka u badbaadin lahayeen, runtuse waxay ahayd inay ahayeen rag qodaya ceel aan biyo laga gaarayn. Xaalkoodu waxa u ahaa sidii koox roob mahiigan ah dhaanto ku dhex tumanaysa.

Kooxda labaad waxay ka koobnayd isimada iyo cuqaasha Daarood oo dhaqdhaqaaq iyo shirar bey magaalada ka waday. Waxay ahayeen koox awooddii ay bulshada ku lahayeen Kacanku hore uga xayuubiyay, marku 1969 dalka ka curtay. Mudadii Kacaanku dalka maamulayayna, kooxdu bulshada kama dhex muuqan, waxana asiibay faromarnaan badan ka dib markii Kacaanku iska hortaagay xeeladihii ay noloshoda ku maarayn jireen ee mid waliba qabiilkiisa nolosha uga dabiri jiray. Kooxdan waxa hor boodayay Maxamed Boqor Muuse

(Shafdero) oo ku doodayay inu yahay Boqorka Daarood. Waxa garab socday jeneral Aadan Cabdullaahi Nuur (Gabyow) oo marna ku biirayay kooxda ku shiraysay huteel Cascasey, marna la shirayay kooxda Isimada.

Kooxdani waxay u hawlgashay siday awoodda dalka u la wareegi lahayd. Waxay ku doodaysay in haddii Kacaankii dalka xukumayay dhacay, isimadu inay yihiin kooxda qura ee dalka ka jirta ee xukunka xaqa u leh ee dadweynuhuna ogoly-ihii. Waxay ahayeen koox xiran oo aan cidwaliba ka mid noqon karin, dadweynuhuna qaddariyaan oo aan cidna dambi ka gelin.

Waxa kale oo abuurmay koox seddexaad oo mayal adag oo ka koobnay jabhadihi Kacaanka la dagaalamay qaar ka mid ah. Kooxdu waxay ka koobnayd madaxdi iyo sarakiishii jab-hadaha gaar ahaan tii ugu hor aasaasantay ee SSDF oo cu-layskeeda Kismaayo laga dareemayay. Kooxdani waxay ku doodaysay inay iyadu xukunka ka tuurtay dawlada Maxamed Siyad Barre, sidaas darteed ay tahay midda xaqa u leh inay ka mid noqoto cid kasta oo xukunka dalka la wareegaysa.

Kooxdu waxay cadaw u arkaysay kooxda ku shiraysay Huteel Cascasey oo ay ka mid ahayen sarakishii ciidamada Kacaanka ee dagaalka la galay Jabhaddaha. Waxay u arkayeen in kooxda Huteel Cascasey fadhiday ay ka koobantahay dad wakiil ka ah madaxweyne Maxamad Siyad Barre oo ay tahay cadow abaabulaya oo dagaal ku qaadidoona iyaga iyo cidii kasta oo Kacaanka ka horjeeda.Waxa adkayd in la bedelo mawqifka madaxda jabhadaha oo aha inayan marna aqbalayn in xukunka dalka u baaqi ku noqdo Siyad Barre iyo inay yihiin cidda qura ee xaqa u leh inay bedesho Siyad. Waxay ku doo-dayeen inay u soo dagaalameen sidii ay xukunka uga tuuri la-hayeen Siyad oo ay u daadiyeen dhiig badan si ay dalka uga xoreeyaan taliska macangaga ah. Jabhadaha SSDF iyo SPM oo aan ciidan badan ka joogin, waxa kala hogaaminayay niman mayal adag oo ka tirsanaan jiray ciidamada Xoogga Dalka Somaaliyeed oo kala ahaa kornel Cabdullaahi Maxamuud Axmad (Gardheere) oo SSDF hogaaminayay iyo kornel Axmed Cumar Jees oo madax ka ahaa Jabhadda SPM.

Labadan kooxood waxay ka mid ahaayeen Jabhadihii Kacaanka la dgalamay. Kooxda jabhadaha ee Kismaayo ka abuurantay waxa haystay dhibato adag oo ahayd inayan haysan taageero dadweyne oo badan, iyo iyaga oo aan ahayn ciidamo habaysan oo dagaal gelikara. Kooxdu ma haysan saad iyo hub lagu hawl geli karo haddii dagaal dhaco. Intaas waxa u dheerayd in ciidamadooda in badan oo ka mid ahi raceen kooxo difaacayay Kacaanka, in kalena ku darsameen ciidamada beelaha.

Waxa kale oo magalada ka abuurmay koox afraad diimeed oo ahayd kooxda Al-Itixad Al-Islaami. Kooxdu waxay ka dhisnayd dhinacyo badan, marka la garab dhigo kooxaha kale ee magaalada ka soo ifbaxay. Waxay ahayd koox dalka meelo badan ka jirta, dhaqaale iyo tageerana helikartay. Sida la sheegayay waxay ku xirayd meelo badan oo dalka debedisa ah oo ay taagero iyo dhaqaale ka helaysay. Kooxdu bilowgiiba, markii Kismaayo qaxa lagu yimi, waxay qabsatay ilaha dhaqaalaha ee muhiimka ah ee magaala oo ay ka mid ahayd dekedda oo nolosha dadweynuhu ku xirnayd.

Magaalada Kismaayo Itixaadku waxay abureen ciidamo hubaysan oo aan loo geli karin oo ay kala dejiyeen xerada Guulwadayaasha, dekadda, iyo Xarunta Kaydka Shidaalka. Waxay bilabeen inay ciidamo ka qortaan dhalinyarada faramaran gaar ahan kuwa qaxa ku yimi magaalada. Dhallintas intay xareyeen bey tababbar ciidan iyo hanuunin diimed oo xagjir ah u bilaaben. Ciidamada ay qorateen oo u badnaa rag, dumarna ku jiray oo inta badan ka yimi magaalada Muqdisho, waxayna ka soo jedeen inta badan qabilooyinka Somaaliyeedd, waxayse u badnaayeen beelaha Daroodka. Kooxda Itixaadku ciidanka ay Kismaayo ku haysteen, waxa lagu qiyaasay inu ka badnaa siddeed boqol oo tababaran, diyaarna u ahaa inay dagaal galaan. Waxa kale oo la warinayay inay ku soo bireen jihaadiyiin ajnabi ah oo ka kala yimi dalka debediisa.

Ciidamada Itixaadka ee Kismaayo joogay waxa taladooda hayay koox wadado ah. Markay awood is bideena, waxa la warinayay inay isku dayeen inay talada magaalada la waregaan. Damacaasi waxa u aha inti ayan kooxdu kula dagaalamin kooxda USC bundada Arare ayna ku hoobteen. Sida dadka qar sheegeen go'aanka dagaalka lagu galay lagama ogayn xarunta dhexe ee Al-Itixaadka ku talay waqooyiga dalka oo amiirka guud fadhiyay.Waxa kale oo aan dagaalka Arare laga ogayn dalalka la tuhunsanaa inay taageeraan Ururka.

Inkasta oo dadka ku soo qaxay magaalada Kismaayo ay marar kooxda ka codsadeen inay difaaca magaalada ee USC lagaga hortegayo ay ka qayb qataan, kooxdu wey diiday sabab loo qaateenana ma sheegin. Waxa kale oo la sheegay inay dhammaan diideen inay ka qayb qataan xasalintii magaalada ee dadaalkii loogu jiray oo dadku u arkeen inu yahay xaq. Kooxda Itixaadka ee fadhiday magaalada Kismaayo waxa mamulkeeda hayay rag aan isku beel ahayn, hase ahaate siyaabo kala duwan isugu xidhmay oo aan saamayn ku lahayn beelahooda.

Colaada dalka ka taagnayd, waxaad moodaysay inayan kooxda Itaxaadku saamayn ku yeelan. Kooxdu marka laga hadlo danta iyo wax wadaqabsiga bulshada, waxay ku doodaysay in masiibada Somaaliya haysata iyo dagaaladuba ay ka dhasheen Kitaabka Quranka Kariimka ah oo dalka lagu xukumi waayay. Waxay raacinayeen in ilaa laysku xukumo Kitaabka aan dalka nabadi ka dhalanayn.

Magaalada Kismayo ciidanka Itixadka ee jogay sida la rumaysna waxa u talinayay dhowr nin oo ka tirsanaan jiray Ciidanka Xoogga Dalka Somaaliyed. Sida la sheegay raga ugu sareeya waxay ka soo jeedeen beelaha Habargidir iyo Dhulbahante. Ciidanka intiisa kale waxay ka koobnayd Somaali oo dhan, intooda badanina waxay ahayeen dad mabda' kulmiyay. Waxase ka mid noqotay qaar colaada oo socota ugu biiray si ay uga helaan nololmaalmeed. Kooxda Itixadku waxay isku koobtay dakhligii dekedda oo ahayd meesha qura ee magaalada dhadhamo laga helayay. Waxay noqotay meesha keli ah ee dhallintii baahnayd ee aan shaqada haysan ku khasbanayd inay nolol ka raadshaan oo ay ka mid noqdaan ciidamada Itixaadka. In badan oo dhallintaas kooxda ku biiray ka mid ah baa qaatay astanta lagu aqoonsado kooxda Al-Itixaadka ee cimaamada cas, surwaalkana hoosta ka laabata. Waxa ururka ka mid noqday qaar ka mid ahaan jiray tuugta, darbijiifka. Waxa kale oo ururka ka mid noqday dhallinyaro badan oo shaxaad iyo tuugsi ku noolaan jirtay oo aan lahayn aqoon iyo xirfad ay ku hawl galaan midna iyo kuwo badan oo aan dhaqan islaan lahayn.

Malmahaan aan Kismaayo nimi ee aan ku cusbayn maalin ka mid ah, aniga oo dekeda ku socda baan iska hor nimi wiil dhallinyaro ah oo aan isku baranay makhaayad aan Moqdisho fariisan jiray. Wuxuu aha nin qayila oo aan cibaado shaqo ku lahayn. Waxaan yaabay marku igu soo baxay isaga oo ay madaxa ugu duubantahay cimaamada cas ee kooxda Itixaadka, surwaalkana ilaa kubka laabay. Salaan ka dib baan aniga oo qoslaya ku iri, "Waar goormad wadaad noqotay oo Ilahay ku soo hadeeyay?"

Intu dhoolacadeeyay oo indhaha xishood awgii dhulka ku muday buu iigu jawaabay, "Beryahanba wadaad baan aha, hanuunkana Eebba igu duway!"

Waan qiyaasayay inuusan Quraanka aqoon weyn u lahayn oo ka yimi miyi oo dugsi gelin. Magaalada marku soogalayna ma dadaalin oo wax ma baran. Kaftankii baan sii watay oo ku idhi, "Sowmaad bilaabin salaad, Quraan akhris iyo cibaado kaleba?"

Wuxu igu shaki tiray, "Alxamdulilah! Waa nala baraa Quranka iyo arkaantaba oo jamac baannu ku tukannaa."

Waxa layaab ahayd qofka ururka ku biira in shahaada loo qabto sidii qof soo muslimay, kadibna inta loo weyseeyo, cimaamada cas madaxa loo saaro oo la tujiyo. Waxa la hubay in boqolaal dhallinyaro ah oo nololdoon ah oo ummi ah ururku shahaadada u qabtay oo ay ka mid noqdeen xoogaga hadafkooda fulinaya.

Habeenkii weerarka USC iyo bililiqadoonkii la socday ay soo garay magaalada Jilib, waxa kor u kacay dareenkii co-laada ee magaalada oo aan haysan difac cadawga is hortaaga. Waayeelkii magaalada baa la xiriiray wadaadada Itixadka oo ka codsaday inay difaaca magaalada ka qaybqataan. Itixaadka jawaabtoodu waxay noqotay 'in ayan bannaanayn in laga qayb qaato dagaal baaddil ah....' Daweynihii magaalada oo aan hub ku filan iyo ciidan midna haysan baa u diyaarga-roobay inay ka hortagaan weerarkii ku soo fool lahaa oo la hubay inu wax weyn ka bedelayo degganaanta iyo bedqabka shacabka iyo magaalada.

Kooxda Itixaadka waa adkayd in xogteeda la helo. Waxaan xidhiidh lahayn kornel madaxda kooxda ka mid ahaa oo habeeno badan doodi na dhexmartay, sheekooyin ku sabsan kooxda u madaxdeeda ka midka yahayna aan isdhaafsanay. Habeenka dhiilada USC magaalda soo gaartay baan kornelka weydiiyay waxa Itixadku ku diidanyihiin inay difaaca magaalada ka qaybqataan. Wuxu iigu jawaabay, "Dagaalka Kismaayo iyo dalkaba ka socda waa dagaal baaddil ah oo aan diinta Islaamku oggolayn in laga qaybgalo."

Waxa aan iri, "Sow dagaalku difac nafeed iyo maal ma aha? Haddii cadawgu magaalada soo galo oo qabsado idinka miyay idin badbaadinayaan?"

"Dadku waa inay ogolaadaan inay isku xukumaan Kitaabka Eebbe! Markaas bey noo bannaantahay inaan dagaalka ka qayb qaadano oo magaalada difaacno.Warkaasi waa war cad baan u malaynaya!" buu yiri.

Waxan ku ceshay, "Idinku USC ma taageersantihiin, mise qorshe gaar ah baad wadatiin?"

" Maya! Qorshe aan diinta ahayn ma wadano!" buu si caro leh u yiri.

Waxan ku celiyay, "Dalalka Islaamka oo dhan laguma xukumo Kitaabka. Dalalkas waxa ku nool yuhuud, gaalo iyo dad aan diinba haysan, haddana naftooda iyo maalkoodaba waa la difaaca. Idiku maxad kaga duwantihiin?"

Wuxu la soo booday isaga dhibsanaya su'aalahayga, "Kuwasi diin shaqo ku ma laha oo waxba ka ma duwana cawaanka."

Waxan ugu danbayntii ku dhaliilay, "Dalalka Islamku Quranka iyo afka Carabigaba waa inaga badiyaan, hase ahate sida Somaalida uma fekiraan ee sababtu maxay tahay?"

Isaga oo aflagaado iska ilaalinaya buu igu jawabay, "Caqiidada Islamka iyo afka Carabigu shaqo isku ma leh. Dalalka Islamku intoda badan Carabi ma yaqaniine waxay xafidaan oo subciyaan Quranka oo ayan macnihiisa fahmayn!"

Kooxaha Kismaayo ka aburmay waxa kale oo ka mid ahaa koox shanad oo ahayd koox isku magacawday Manafesto oo wafdi ka socday ka yimi magaalada Muqdisho. Kooxdu waxay ahayd mid isu caleemosaartay nabadayta Somaaliya, hase ahaate waxa u qarsoonayd inay talada dalka la waregaan. Kooxdu waxay abuurantay markii jabhadaha SSDF, USC, SNM iyo SPM dalka soo weerareen dabayaaqadii 1990, hase ahaate aan cidamadoodu ku soo dhawaan magaalooyinka waweyn gaar ahan magaalada Jowhar oo aan ka fogayn caasimadda. Kooxda Manafesto oo tiradeedu ka badnayd 114 xubnood (cadadka Quranka), waxa ka mid aha madax iyo siyaasiin, ganacsato iyo aqoonyahano. Waxay iska dhex doorteen guddi-hoosaad marar badan la kulmay madaxweyne Maxamed Siyad Barre oo u soo jeediyay in dalka laga badbaadiyo dagaal burbur oo u xukunka ka dego.

Bishii May 15, 1990 bey kooxdu madaxweynaha u gudbiyeen qoraal codsi ah oo ay saxexeen 114ka xubnod ee kooxdu ka koobnayd. Qoraalku waxa u madaxweynaha u soo jeedinayay inu xilka ku wareejiyo guddi ka kooban 13 xubnood oo dalka maamula inta doorasho laga qabanayo. Tirooyinka qoraalka ka muqday oo aha 114,15, iyo 13 waxay u taagnayeen soyaalka dadka Somaaliyeed iyo tirada suuradaha quraanka (114), asaaskii SYL (15 May), iyo tirada xubnihii SYL (13). Soo jeedintaas kooxdu waxay ahayd fursadii ugu dambaysay ee dalka looga badbaadin karay burbur. Bilowgi dagaalka Mqdisho, kooxda qayb ka mid ah oo u badan beesha Daarood baa Kismaayo timi oo ka fulinaysay hadafkii Manafesto.

Kooxda Manifesto oo dadka qaarkii u yaqaannay Guddiga Suluxa, waxay dawlada ku eedaynaysay colaada dalka iyo xadgudubka ay ku hayso xaquuqda dadweynaha, maamul xumo iyo qabyaalada dalka ka jirtay. Codsigii Kooxdu u gudbisay madaxweynana intii la joogay Moqdisho, wuxu 15kii Julay 1990 ku jawaabay in 46 ka mid ah kooxda xabsiga Manifesto loo taxaabo, iyaga oo lagu edeeyay qarandumis lagu mutaysanayo dil. Hase haate, waxay dilkii ka badbaadeen markii lagu waayay dambi. Mar danbe 13 nin oo kooxda ka mid aha oo la kulmay madaxweynaha waxay kala ahayen:

1. Aadan Cabbdulle Cismaan - madaxweynihii 1aad
2. Mukhtar Maxamad Xuseen - gud. barlamaankii 1aad
3. Dr. Ismaaciil Jimcaale Cosoble - wasiir hore
4. Xaaji Muuse Boqor - wasiir hore
5. Dr. Maxamed Raajis Axmed - xubin barlammaan hore
6. Maxamed Abshir Muuse - taliye hore ee booliska
7. Suldaan Duullane Rafle Guuled
8. Maxamed Sheekh Axmed Muuse - Maxkamadda Sare
9. Garaad Cabdiqani Garaad Jaamac
10. Xaaji Jirde Xuseen Ducaale
11. Xaaji Cali Shidde Cabdi guddoomiye ku xigeen SYL
12. Seekh Shariif Sharafow
13. Sheekh Ibraahin Suuley

Qayb ka mid ah kooxda Suluxa/Manafesto markay timi Kismaayo waxa dadweynaha ku abuurmay rejo. Waxa la lafilayay inay dalka dagaal sokeeye ka badbaadinayso. Kooxdu Kismaayo markay yimadeen waxay xarun ka dhigteen huteel la yirahdo Qiilmawaye oo xeebta ku yaal. Dadka dalka debedisa ka imanayay iyo warfaafinta adduunkuba waxay degayeen hoteelkaas iyaga odorosaya xaalada dalku ku sugnyahay iyo xogta siyaasada. Wariyaha Bariga Afrika ee BBCda kama maqnaan jirin hoteelka toddobaad wax ka badan. Huteelku wuxu ahaa daaqada ugu weyn ee adduunku ka daawanayay colaadda Soomaliya.

Maalin maalmaha ka mid ah ayan wariyaha BBCda ku ku-lanay hoteelka, isaga oo ku dadaalaya inu fahmo dareenka dadka ku soo qaxay magaalada, waxay damacsanyihiin iyo abaabulka magaalada ka socday. Wuxu iga codsaday inaan u tarjimo su'aalo u nin madax ah oo hoteelka degganaa, kana mid aha dadka ku hawlan abaabulka iyo difaaca magaalada. Waxan ahayn laba nin oo wariyayal ah oo ay xeer tahay inan isku tixgelino xirfadayada, haddana waan dareensanayn in anaan isku si u fakirayn oo kala dareen iyo filasho nahay.

Su'aaluhu weydiiyay ninka waxa ka mid ahaa; "Diyaar miyaad u tihiin inaad Muqdisho dib ugu laabataan oo aad qab-sataan idinka oo magac qabiil ku dagaal gelaya?"

Ereyadii ninkaasi ugu jawaabay wariyiha BBCda waxa ka mid ahaa, "...Muqdisho waxan u noqonayna annaga oo wanaag wadna...waa magaalo Somaaliyeed...dagaalkuna waa dagaal qabiil oo waa laga heshiindoona..."

Intaan dagaalku qarxin, kooxda Suluxu waxay wadatay siyaasad markii dambe ku qaloocatay oo ahayd inay xukunka dalka ka dhex siibaan dawladda iyo Jabhadaha dalka ku soo duulay ee USC, SSDF, SNM iyo SPM. Arrinku wuxu isbed-deley markii loollankii siyaasaddu u xuubsibtay qori caaraddii oo dagaalo lagu hoobtay ay Moqdisho ka dhaceen. Kooxda Suluxu mahaysan ciidammo ay dagaalka kaga qayb qaadato ee waxay isku halaynaysay sumcadda iyo taageerada madaxdii hore dalka ka talisay Kacaanka ka hor oo ka koob-nayd dhaqandka, aqonyahanka Somaaliyed iyo dadweynaha. Qorshahaas kooxdu wuxu beenoobay markii hubka la isu qaatay ee sheekadu noqotay 'Nin iyo tabartii, nin iyo taagtii!'

Kooxda huteel Cascasey ku shirsanayd waxa ka soo hor-jeeday kooxda Manefesto ee ku shirsanayd huteel Qiilmawaye oo ku doodaysay inay metelaan dhammaan shacabka Somaaliyed. Waxay rumaysnayd kooxdu in la helo dawlad Somaali u dhantahay oo Kacaanka iyo Jabhadahaba dalka ka badbaadisa. Kooxda Manefesto rag ka tirsan badankoodu waxay ahayeen rag ka yimid magaalada Muqdisho, dumarna kama mid ahayn kooxda. Kooxda hadafkeeda waxa ka mid ahaa kale in Maxamed Siyad xukunka ku baaqi ku noqon. Waxay kale oo kooxdu ku tashatay hadday sida ayrabaan ay waayaan inay ogolaadaan in kooxda mucaaridka huteel Cascasey fadhiday la wareegto talada dalka. Ma ogolayn in marna Siyad Bare kursiga ku sii fadhiyo.

Xubnaha rajeynayay inay Madaxweynaha bedelaan ee Suluxa ka midka ahaa oo aad u badna oo kala joojay Muqadisho iyo Kismaayo waxa ka mid ahaa Cabdirasaaq Xaaji Xuseen oo dawladihii Kacaanka ka horeyay ee Somaaliya Ra'iisal Wasaare ka noqday. Waxa kale oo la sheegayay rag kale oo badan oo xukunka hunguri ka hayay. Kooxdu waxay xiriir la lahayd dawlado shisheeye oo ragga qaar wadatay, waxayna ahayd koox siisa xaalada dalku ku sugnyahay dawladahaas iyo warbaahinta caalamka ee Kismaayo iyo Mogadisho joogtay. Waxay Manafesto ahayd koox aan urursanayn oo cid waliba fragelin karto. Suuragal uma muuqan in kooxdu xukunka kala wareegi karto dawladda Kacaanka, sababta oo ahayd iyada oo wanwantii dhammaatay oo loollankii siyaasadu isu rogay xabbad oo ay hardamayaan dawladda iyo jabhado mudo dheer soo dagaalamay, Manefesto ayan haysan ciidan mabda'eeda hirgeliya. Waxay filayeen in dawladaha shisheeya ee saaxiibka la ahayd ay xukunkii dalka u keenidonaan iyaga oo saxan dahab ah ku sida.

Waxa kale oo magaalada dadkii soo qaxay ka abuurmay koox lixaad oo isku tilmaantay aqoonyahano oo badankoodu si joogto ah oo aan habaysnayn ugu kulmi jiray makhaayad ku tiil badhtamaha magaalada oo caan ah. Makhaayadaas bey kooxdu ku yeelan jireen dood furan oo aan go'aan lagu gaarin. Kooxdu waxay u badnayd rag xilligii Kacaanka iyo ka horba dawladda Somaaliyeed u shaqeeyay oo aad uga warhayay xukunkii dawladahii soo mary dalka ee Kacaanku ka dhashay iyo tan Kacaankaba. Waxay isku dayeen inay qiyaasaan meesha siyaasada dalku ku wajahantahay, cidda dhiiqada dalka gelisay iyo wixii xal noqon kara. Su'aasha ugu weyn ee ay ku margadeen waxay ahayd, "Beelaha Soomaaliy-eed maxay u dagaalamayaan?"

Kooxdu waxay koobi kariweyday dhibka dhacay baaxad-diisa, khasaaraha u dalka iyo dadka u gaystay dagaalku iyo waxa xal noqon kara. Qarkood waxay ku doodayeen colaadda dalka ka dhacday inay dhamaan Somaalidu ka qayb qaadatay oo aan cid gaar ah lagu eedayn karin. Qaar kale waxay eedda saarayeen dawladda Kacaanka oo ay rumaysnaayeen in co-laaddu ka dhalatay maamul iyo caddaalad xumida nolosha dadka dhinac walba ka taabatay ee dalka ka jirtay. Kuwana waxay ku doodayeen jabhadaha ka soo duulay dalka Itoobiya ee cadawga ummada Soomaaliyeed ah oo ay bilaabeen da-gaalka oo dalka u horsedeen xaaladda murugada badan ee u ku suganyahay.

Kooxdan oo ka mid aha dadkii qaxa ku yimi magaalada Kismayo waxay ka gudbi kariwaayeen muran badan iyo is dhaliilid is hortaagtay kaalintay ka qaadan lahayeen difaaca weerarada aan kala go'a lahayn ee ka imanayay jabhadii USC iyo dadkii taageerayay ee la socday oo badankodu bililiqodoonka aha. Kooxdu iyada oo aan su'aalahooda jawaab u helin baa magaalada dadkii qax labaad u soo hoyday oo la kala yaacay, markii USC si dhib yar u soo gashay oo qabsatay.

Weerarada iyo weerarcelinta muddada dheer ka socotay dhulka u dhexeeya magaalada Kismaayo iyo Jilib waxay dadweynaha soo qaxay, gaar ahaan carruurta iyo haweenka ku abuureen werwer iyo farkanax joogto ah. Colaaddaas aan xalka loo hayn waxa ka dhashay jahawarer, degganan la'an, iyo cabsi xog leh oo dad badan ku ridday caafimaad xumo aan dhakhtar iyo daawo midna loo hayn. Waxay ahayd xaalad filashada geerida hubaal ka dhigtay.

Waxa jiray arimo kale oo xusid mudan oo ka dhacay magaalada Kismayo intii aan joogay oo ku begnayd January 17, 1991 iyo dhammaadkii dagaalki Bundada Araare oo dhex mary USC iyo beelihii Daarood ee difaaca kaga jiray magaalada oo dhacay bishii Abril 1991 oo ay khasab noqotay in aniga iyo reerkaygu Kismaayo ka boqoolo. Jabka ku dhacay beelihii magaalada difaacayay waxa sabab u aha hoggaan la'aanta, maamul xumo iyo ciidanxumo. Xaaladu waxay ahayd in qofwaliba badbaadiyo naftiisa iyo nafta reerkiisa. Arrinkaasi aad buu adkaa oo wuxu ku biyo shubtay qax qax kale uuga guur.

Waxan arrimaha foosha xun ee dhacay aan ka tilmaami kara sidii dadku u dhaqmay iyo siday uga fal celiyeen arrimaha qaarkood. Marka lagu jiro xilli adag oo dagaal socdo dadka qaarkii waxay curiyaan afkaar ay doonayaan inay kaga qayb qataan dadaalka lagu jiro. Arrimaha xasuusta igu reebay waxa ka mid ahaa, markii dagaaladu ay baheen ee ay cadaatay in hardanku dhex yaal Daarood oo dhinac ah iyo Hawiye iyo Isaaq oo dhinac ah, waxaa dagaalka ku soo biiray oo ka qayb noqday Radio Muqdisho iyo Radio Hargeysa oo u xuubsiibtay durbaano baahinaya dacaayada USC iyo SNM. Idaacadahaasi waxay si joogto ah u baahinayeen warar been ah iyo inay waajib tahay la dagaalanka dadka ka soo horjeeda halgganka USC iyo SNM, si loo helo 'caddaalad iyo nabad waarta'.

Arrinkasi wuxu khasbay in beelihii Kismaayo ku soo qaxay ee Daroodka u badna inay radiyaan farsamo warbaahineed oo ay kaga hor tagaan beenta ka soo burqanaysay Moqdisho iyo Hargasa ee idaacaduhu bunbuuninayeen colaadda Somaaliya. Si dhibataadas jawaab loogu helo, waxa magaalaa Kismaayo isugu yimi koox ka shaqayn jirtay warfaafinta Somaaliya, gaar ahaan Radio Moqdisho, Hargeysa iyo telefishinka Qaranka oo ka mid ahaa dadkii ku soo qaxay Kismaayo. Waxa kale oo kooxda ka mid aha fanaani katirsana Hobolada Waaberi iyo dhallinyaro kale oo qaybaha kale ee warbaahinta ka shaqayn jirtay. Kooxdu waxay maqashy in xerada Xoogga Dalka Somaaliyeed qaybta Kismaayo fadhiday oo ku taalay duleedka magaalada u yaal qalab isgaarsiin Maraykanku ciidamada siiyay oo loog talogalay isgarsiinta ciidamada. Markay kooxdu xeradii booqatay waxay helay anteenadii isgarsiinta oo xarkihii taagayay laga furtay oo dhulka taal. Waxa kale ay heleen generatar iyo baahiye (transmiter) nabad qaba oo ku jira konteenar. Qiimayn iyo qalab urursi ka dib, waxay kooxdu taagtay anteenadii, intaas ka dibna waxa suurtagashay in u bahiyihi (transmiter) isgarsinta loo bedelo baahiye idaacaded oo awooddisu gaarayso Bariga Afrika oo dhan. Waxa idaacaddii loo bixiyay Codka Waamo. Waxa kooxdu qorshaysay barnamijyo idaacadda ka baxa oo ka warama xaalada dhabta ah ee Kismaayo ka jirtay. Baahintii ugu horaysay baa hawada lagu sii daayay oo laga dhegaystay- Muqdisho iyo Nairobi oo la soo hanbalyeeyay.

Qorshaha kooxdu wuxu ahaa, haddii Idaacadda dalka dhan laga dhegaysto in reer Kismaayo bixiyaan dhaqaalaha shidaalka idaacaddu ku shaqaynayso iyo wixii lagu maaraynlaha dhibatoyinka ka hor imankara dayaarinta barnamijyada iyo baahintoda. Hase ahaate may dhicin, dhallintiina ma awoodin inay shidaal ku shubno mootarka si barnaamijyadu hawada u galaan. Sidaas baa idaacaddii ku xirantay iyada oon dhulka ka kicin, waxayna ahayd tusaale fiican oo muujinayay aqoon iyo dadnimo xumida raggii haweysanayay inay hog-gaamiyaan dalka. Qof waliba waxa u ka fakirayay naftisa iyo reerkisu siday uga gudbilahaayeen dhibatadii tagnayd oo ke-liya. Cidina danta guud kama fakirayn. Xalka dalku u baahnaa marka laga yimaado, dadkii Kismaayo ku soo qaxay waxay arkiwayeen danta ka dhaxaysa ee la rabay inay ka wada qayb qataan.

Arrin kale oo cashar laga baran karo wuxu ahaa dhibatada dadka ka haysatay tegista Kenya. Dayaarad yar oo Kismaayo jaadka miirowga keenta oo ka iman jirtay Nairobi baa maalin walba qaadi jirtay rakaab dhowr qof ah. Dadka awoodda u lahaa ee doonayay inay Nairobi u gudbaan wey badnaayeen, hase ahate, dawlada Kenya baa adkaysay fiisada dal ku gelida. Waxay ku xirtay in marka hore qofku baasaboor Somaali ah haysto, ka dibna baasaboorka Nayroobi loo so diro si fiisada loogu soo dhufto. Dad badan baa isticmalay farsamooyin ay ku jirto laalush oo fiisadu u timi oo doonayay inay raacan dayaarada yar ee jaadka keenta. Dhibaatadu waxay ahayd in la adeegsado qabyaalad si kursi looga helo dayaarada. Su'aasha yaabka badani waxay ahayd sidee qabyaalada dalka dabka ku shiday ay weli uga shaqaynaysay dhulkii qaxa lagu tegay.

Dayaarada waxa lahaa nin la oran jiray Jaamac Buluug oo ka soo jeeda beesha Dhulbahante ee Darood, hase ahaate Jaa-mac Kismaayo ma joogin mana imanayn. Dayaarada waxa wakiil ka ahayd xaaska Jaamac oo carruur u dhashay. Dhinaca kale xaasku waxay u dhalaty beesha Habargidir ee USC u badan. Inkasta oo maalin walba dad aad u badan ku hardami jirtay raacidda dayaarada, xaaska Jamac baa go'aan ka gaari jirtay dhawrka qof ee dayaarada raacaya ee Nairobi u gudbaya. Waxa xiiso lahayd inaan haweynada ku abtirsata USC aan aflagaado ama colaadin loo gaysan jirin oo aan go'aankeeda laga hor iman karin, marna ma dhicin in loo muujiyo inay tahay shisheye. Waxa la tixgelinayay xeerka Somaalida ee xididnimada oo in la ilaaliyo lagu khasbanyahay oo haweenku ka mid noqdaan reerka ay u dhaxaan. Dhinaca kale marwadan wiilasheeda iyo ragga reerka ay u dhaxday ee beesha Jamac Bulug oo jooga laguma dhicin in lagu xadgudbo. Iyada nafteedu waxay aad ugu dadaalaysay inay dadka oo dhan caawiso intii tabartu saamaxdo. Waxa kale muuqatay in haweenku ka mid noqdaan reerka ay u dhaxaan.

Arrin kale oo xusid mudan wuxu ahaa falalka baqdingelinta ee ka imanayay labada dhinac ee dagaalamayay ee USC oo Muqdisho ka soo duulaysay iyo dadkii Kismaayo u soo qaxay oo dhinacna isdifaac ku jiray dhinacna weerarka ahaa ee doonayay inay Muqdisho dib ugu labtaan. Ururka USC si ay u baqdingeliyaan dadka Kismaayo difaaca kaga jira ee is abaabulay, waxay degsadeen farsamooyin badan oo cabsigelin ah. Waxa farsamooyinkaas ka mid ahayd inay soo direen deyaarad ka hartay ciidanki cirka ee Ciidamada Xoogga Somaaliyed oo ahayd Mig17 oo qanax ah. Dayarada oo joog dheer ku duulaysa oo hal maalin keliya timi Kismaayo, laba jeer intay magaalada ku dul waregtay bey iyada aan waxaba soo ridin dib u noqotay. Waxa la garan waayay inay baqdingelin keliya ay u socotay iyo inay hubkii saarna ay soo ridikariweyday. Siday doontaba ha ahaate, waxa lagu jiray xaalad dagaal oo dhinacyada dagaalamayay isticmaalayen tab kasta oo ay is leyihiin guul degdeg ah baad ku gaaraysaan.

Arrin kale oo xusid mudan waxa u aha, nin hantiile weyn ah oo ku soo qaxay Kismaayo oo dadaal u galay sidu Muqdisho ugu noqon laha. Ninku wuxu ka samriwaayay hantidii badanayd ee u Muqdisho kaga yimid. Isaga ka fakiraya sidu Muqdisho ugu noqon laha buu u hawl galay kicinta markab yar oo ah kuwa xeebaha ilaasha oo Ciidamada Baddu Soomaaliyeed lahayeen oo hub saranyahay oo dekeda lagaga tegay. Ninka malqabeenka ah waxa u bilabay in markabka ku shubo shidal ah, wuxuna hawlgeshay farsamoyaqano dayactira, lamase rajaynayn inu kaco. Ninku wuxu qorshaystay inu markabka Muqdisho ku tago isaga oo ciidamo wata oo magaalada ka soo weeraro dhinaca xeebta Liido oo USC magaalada ka saaro. Wuxu u arkay inu sidaas hantidiisa ku soo ceshan karo. Nasiibdaro, isaga weli shidaalkii ku shubaya, mootarkiina aan la kicin bey USC dhibla'aan Kismaayo qabsatay, markabkina ugu gacan galay!

Arrin kale oo xasuus mudan wuxu aha sheeko magaalada wareegaysay ka dib markii jabhada SPM iyo teliyaheeda kornel Ahmed Cumar Jees Kismaayo soo galeen. Sheekadu waxay ahayd inay madaxda jabhadaha SNM, USC, iyo SPM madaxdoodu magaalada Diridhabe ee dalka Itibiya ku kala saxeexdeen heshiis saddex-geesod ah oo dhigayay markay dalka qabsadaan inay xukunka wadaagaan. Hase ahaate, markii madaxweyne Maxamed Siyad ka baxay dalka ee USC qabsatay Moqdisho, Hargeysana ay qabsatay SNM, waxa cidla' ku soo dhacay jabhaddii SPM. Waxa ku xigay in USC weerartay jabhadda SPM oo fadhiday magaalda Afgooye. Jabhada USC, garabka Janaral Maxamad Faarx Caydid oo la filayay inay u gurmato SPM, iyada oo fulinaysa heshiiskii

Diridhabe uma hiilin oo wey ku ballanfurtay. Waxa si fool xun cagta loo mariyay oo loo jebiyay ciidamadii jabhada SPM. Ina Jees isaga firxad ah oo waxooga ciidan ah wata oo ka soo wareegay dhinaca Baardhere buu Kismaayo soo galay.

Malmahaas goor ay barqo tahay baan kulanay nin ka tirsan SPM oo aan aqoon hore isu lahayn, Waxa u iga codsaday inaan ka qabto waraysi u rabay inu u diro laanta af Somaaliga ee BBCda. Sidan ka fahmay hadalkiisa Waxa u wakiil ka ahaa Jess wuxu doonayay inu si dadbban ugu waramo madaxa SNM, Cabdiraxman Tuur oo ku wargeliyo in heshiskii seddex-geeska aha ee Diridhabe u ka baxay Caydid oo USC dagaal ku qaaday SPM oo ay ku khasbanadeen inay u ruqaansadaan Kismaayo oo beeshu degentahay ee ayan ku biirin ciidamada Daaroodka iyo kuwa uu u taliyo generaal Janaral Moorgan midna.

Sidaan ku ballanay, waxan galab ugu tegay guri cariish ah oo magaalada geskeeda ku yaal. Cariishka gogol badani ma ool, dhinaca irridda u dhowna waxa bac dul yaalay raadye rikor leh iyo cajalado. Dhinac kale waxa jiifay qof buste ku duuduuban oo u ii sheegay inu yahay nin kaneeco cuntay oo buka. Markan fadhiistay oo aan waxooga sheekaysanay buu yiri, "Waxan doonaya inan BBCda uga waramo xaaladda dalka iyo dagaalka." Wuxu ku daray, "Waxan doonaya inaad iga duubto waraysi ku saabsan dagaalku halka u marayo iyo SPM iyo USC dagaalkii ku dhex maray magaalada Afgooye." Wuxu raaciyay inu doonayo cajaladda inu u dirayo Nairobi kadibna dad ay rafiiq yihin BBCda u sii gudbinayaan.

Markan soo koobo, wuxu rabay inu Cabdiraxman Tuur ogaado in Caydiid ku ballan furay SPM oo ka baxay heshiiskii USC, SNM iyo SPM ee magaalada Diridhabe ay ku galeen, Caydiidna usan u soo gurman markii Cali Mahdi Afgooye ku weeraray SPM. Wuxu ahaa codsi macquul ah oo aan ka caawin karay mar haddii isgaarsiintii dalku baaba'day oo dadku farsamo kasta adeegsanayo si fariimahooda u gudbiyaan.

Waraysigu sidu noqonayo iyo kaftan xanta dadweynaha ee SPM annaga oo wadna, baan ku iri, "Waxa laydiin bixiyay Daarood dumiye ee maxaad ka ledahay?" Waxan u raaciyay " Sababta magaca laydinku bixiyay waxa weeye, in markii Daroodku, gaar ahan Mareexaanku Muqdisho ka soo baxeen ee ay u socdeen Gado, in la sheegay inaad ku baarateen magaalada Afgooye. Waxa kale oo la sheegay in si xun aad ula dhaqnteen dhammaan Daaroodkii qaxayay ee soo maray Afgoye, ee arrimahaas maxa ka run ah?"

Wuxu la soo booday, isaga oo caraysan, "Waxan nahay Daarood badbaadiye! Marexaan isaga oo kumanaan ah oo hub iyo hantiba wata buu Afgooye nagu dhaafay oo aan sii daynay! Haddi anaan Afgooye joogin mid kama noolaadeen!"

Annaga oo sheekadii wadna oo waraysigii anaan qaban, bey shantii galabnimo noqotay oo aan idacaadda BBCda furanay si aan warka u dhegaysano. Marku warku dhammaaday baa waxa soo galay waraysi laga qaaday hoggaamiyaha SNM Cabdiraxmaan Tuur. Waraysiga waxa Tuur ku sheegay in jabhadda SPM ay ku biirtay ciidammada dalka laga xoraynayay ee Maxamed Siyad Barre. Waxa kale oo u aad u canbbaareyay SPM oo u si dadban ugu eedeeyay qabyaalad. Waraysiga Tuur wuxu ninkii ku noqotay filanwaa iyo af kala qaad. Waxa caddaatay in ujeeddada Jabhaduhu salka ku hayaan isir ee ayan ahayn mid qarandoon iyo siyaasad ku salaysan. Waa caddayd in ujeeddada jabhadaha qaar ahayd in dalka lagala wareego Daarood.

Harddanka Bililiqada

Colaaddii 1991 ka bilaabmatay Muqdisho oo meel xun maraysa baa iyada oo aan la filayn 27 January, 1991 madaxweynihii dalka, Jaalle Maxamed Siyad Barre ka soo baxay Muqdisho oo goor fiid dambe ah soo galay magaalada Kismaayo. Markiiba wuxu kulan degdeg ah la yeshay madaxdii dawladda Kacaanka ee ka soo horaysay ee ku shirsanayd huteel Cascasey. In kasta oo la sugayay oo loo diyaarshay dhowr qorshe oo u ku jiray markab dawladdu lahayd oo dekedda taagnaa oo haddii loo baahdo Kenya u qaadi laha madaxweynaha, haddana sabababo anan sheegi karin buu u diiday. Marku shirka dhammaystayna, waxa u acagta saaray waddada Gedo tagta oo waqti badan Kismaayo kuma lumin. Waxa laga wadahadlay iyo ballanka la qaatay lama maqal. Taasi waxay keentay in abaabulkii Daarood ee Kismaayo ka socday u ku yimado dib u dhac iyo burbur.

Jaalle Maxamed Siyad iyo Kenya wanaag kama dhaxayn, waxana u malaynaya inu geeri ka dooranayay gabbaad u ka helo Kenya. Kooxdii ku sugnayd Huteel Cascasey ee soo dhaweysay ee ku hawlaneyd sidii loo dabaqaban lahaa xukunkii Kacaanka, waxay markiba u hawlgalen sidii ay qorshe maangal ah oo rogaal celin ah oo Muqdishu loogu noqonayo ay u diyaarin lahayeen.Waxase caddaatay in arrinkodu aha habaabin lagu seexinayo dadweyna ka sugayay xal waara oo dagaalka laga gaaryo. Muddo yar gudaheed bey bilaabeen inay kala duuntaan oo midba maalin la waayo. Intooda badani waxay u jiciirteen Keniya.

Madaxweynuhu marku ka soo baxay Muqdisho wixi ka dambeeyay, dagaalkii u dhexeyay dawladda iyo Jabhadaha wuxu si buuxda isugu badelay dagaal u dhexeya labada reer ee kala ah Darood iyo Hawiye iyo qabiloyinka kale ee xulufada la ahaa labadaa reer. Daroodku hoggaan ay ku midaysanyihiin oo qorshe, dhaqaale, diyargarow ciidan iyo dagaal gelin ma lahayn. Hawiyahase waxa horkacayay jabhadda USC oo qayb ka ahayd colaadda labada reer dhex tiil . Daaroodkii soo qaxay ee magaalada Kismaayo ku sugnaa marku arkay inaan cidi u maqnayn, cadawgiina kaabadda soo jebiyay, waxay bilaabeen abaabul si ay isu difaacaan. Reeraha Darood ku abtirsada intii ka joogtay magaalada, waxa reer waliba u hawlgalay isu kenidda wixii ciidan, hub, iyo hanti ay heli kareen.

Waxa xusid mudan, in markii Maxamed Siyad Barre ka soo baxay Muqdisho ee ay caddaatay in dawladdii Kacaanku galbatay in u Cali Mahdi Maxamad, si lama filaan ah madaxweyne isu magacaabay. Wuxu ku xejay in 23 Janury 1991, u Cumar Carte Qaalib u magacaabay wasiirka kowad. Cumar Carte wuxu markiiba ku dhawaaqay in ciidamada Xoogga Dalka iyo ciidamad kale ee qaranku ee booliska, gulwadayasha iyo askar jeelku ay hubka ku warejiyan jabhadaha oo uu u jeeday USC iyo SNM. Wuxu ahaa go'aan dhawac weyn garsiyay ummadda Somaaliyed, riyadii ahayd Somaali weyna god dheer ku riday. Go'ankaas Soomali kama soo kaban, waana go'aanka dhalay in dalku gobolo u qaybsamo, Somalilandna ku doodo inay ka go'day dalka intiisa kale. Waxa u aha go'aan qaranka Somaaliyed aasay.

Laba arrimood oo go'aanka Cumar Carte laga dheehan

karay waxay ahayeen in Cali Mahdi ku magacabay Cumar Carte Qaalib talada kooxda Suluxa iyo in Cumar Carte xidhiidh la laha madaxda SNM iyo USC oo fududaynayay talada SNM ee go'ida goboladda Waqooyi iyo xalalaynta guusha USC ee Muqdisho.

Markii madaxweyne Maxamed Siyad Barre ka soo baxay Muqdisho, Cali Mahdi Maxamedna isku magacaabay madaxweyne, waxa dabarka goostay tacaddigii iyo dilkii, lagu hayay dadka Daaroodka iyo dadkii aan ahayn Hawiye iyo Isaaqa midna. Waxa cirka isku shareeray barakacii iyo qaxii bulshadii ku hartay Moqdisho. Mooryaantii ku daba gabbanaysay werarada USC, waxay boobeen dhamman hantidi dadweynaha, xarumihi dawladda, iyo wixii qiimaha laha oo dhan. Wixi hanti magaalada yiil waxay ka dhigeen waxay rartaan iyo waxay qaadi kariwayeen waxay noqdeen wax dayacma oo burbura.

Ururka USC lama iman qorshe maamul iyo kala danbayn u dalka ku hoggaamiyo. Ciidankoodu markay Moqdisho iyo magaalooyinka kale soo galeen, waxay ka qaybgaleen boobkii iyo dhibataynta dadkii barakacay ee qaxayay. Jabhadu may filayn burburka lama filaanka ah ee dawlad kacaanka ku dhacday, taas baa keentay inay ku fashilmaan maaraynta bulshada iyo xakamaynta ciidamadooda.

Magaalada Kismayo reerihi ku soo qaxay ee Daarood wey kala badnaayeen. Kuwa ugu tunkaweyn waxa ka mid aha Majerteen, Ogadeen, Marexaan, Lelkase, iyo Dhulbahante. Qabilooyinkii magaalda loogu yimi ee aan colaaddu taaban waxa ka mid aha reerka la yirahdo Cawromale iyo Banjunta. Labadas reer iyo kuwo kale oo badan waxa fuushay baqdin oo waxay u qaxeen dhinaca miyiga iyo gasiiradaha Badweynta Hindiya ee xebta ku teedsan.

Beelihii Daarood ee dagaalka isu ababulayay qarkood waxay doonayeen inay isdifacaan, waxase jiray qaar ka qayb aha dadka doonayay in dib loogu noqdo Muqdisho oo xukunka lagu cesho dawladii Kacaanka ee Maxamed Siyad Barre. Dadkaa doonayay in dib Mogdishu loogu noqdo, waxay kala ahayeen qayb joogta magaalada Kismaayo iyo qayb ku sugnayd tuulooyin gobolka ka tirsan.

Beelaha is abaabulayay si ay isu difacaan ee aan doonayn inay Muqdisho dib u qabsadaan, uma dhigmin xooggaga Hawiye ee Muqdisho ka soo duulayay ee jabhadda USC hog-gaaminaysay oo ka koobna ciidamada jabhadda iyo mooryaan la socday oo badan oo bliliqadoon aha. Qorshaha dib u qab-sashada Muqdisho iyo soo celinta dawladdii Kacaanku waxa u ahaa riyo ku kooban dad yar oo badankoodu jogay Kismaayo iyo Gado.

Daaroodka Kismaayo ma haysan saanad badan, lacag iyo shidaal, muddo dheer lagu dagaal gelikaro. Dhinaca kale, USC iyo tagerayaasha la socday waxa u gacangalay hubkii dawladda Somaaliya muddada dheer ururinaysay si ay u xo-rayso Somaali Galbeed. Waxa kale oo u gacan galay hantidii dawladda iyo tii shacabka laga boobay. Markii weerarka USC ee aagga Kismaayo bilowday, waxa USC soo degtay maga-alda Jilib, waxayna isugu yimi ciidamo badan, waxana la keenay wixii ay saanad iyo saad u baahnaayeen. Markii la so gaaray dabayaaqadii bishii February 1991, USC waxay bilow-day weeraro aan kala go' lahayn oo ay ku soo qaadaysay ma-gaalada Kismaayo.

Abaabulka difaaca magaalada Kismaayo waxa gacanta ku hayay guddiyo dhawr ah oo ay dhisteen beelaha Daarood, hase ahaate iskaashi adag ka ma dhexayn. Beeluhu may la-hayn talo midaysan iyo qorshe la isugu keenayo wixii ciidamo iyo agab dagaal ee la hayay. Reer waliba keligood bay dhallinyaro dagaallama u ururiyeen oo dagaal geliyeen. Dhallinta la dagaal gelinayo ayaa hubka la imanayay, rasaas aan badnayn oo aan joogto ahayna waa loo qaybinayay. Dhallintu waxay ku dagaal galayeen caaddifad qabiil iyo difaaca magaca beeshooda, hase ahaate dagaal maalintii la galaba waxa dhimanayay in ka mid ah, waxana daciifayay awooda ciidanka, shidaalka iyo rasaasta. Waxa marba marka ka dambaysa shiiqayay caaddifada qabiilka, waxana soo baxayay ujeeddooyin iska soo horjeeda oo beelaha qarkood u qorsoona.

Beelaha Majeerteen iyo Ogadeen waxay u dagaalamayeen in haddii Moqdisho lagu noqdo ay wax ka noqdaan dawladda dhalandoonta ee uma dagaalamayn inay Maxamed Siyad xukunka ku soo ceshaan. Dhinaca kale, Marexaan wuxu u dagalmayay inay xukunka dib ugu ceshan Moxamed Siyad Bare. Labada reer ee kala ah Dhulbahante iyo Lelkase iyo qabilooyin kale oo aan badnan caadifad Daarood iyo isdifaac hadaf ka weyn ma lahayn.

Mar danbe oo dagaalku adkaad waxa takulada iyo dagaal gelinta ciidamada loo xilsaray Jeneraal Moorgan oo Mahamed Siyad soddog u aha. Waxa kale oo Moorgan gacanta loo geshay deeqihii Daaroodka Kismaayo ka baxsan ka imanaysay iyo wax badan oo dadkii Kismaayo joogay laga ururiyay. Moorgan awood uma lahayn inu ciidamada beelaha Daarood isu keeno oo mideeyo oo dagaal geliyo. Awooddisu waxay ku ekayd ka talinta reer waliba sidu u dagaal gelayo. Muddo dagaalku marku socday, waxa dadka qaarkii Moorgan ku edeyeen maamul xumo iyo ku takrifal taakuladii dagaalka loo soo ururiyay, gaar ahaan shidaalka oo sida la warinayay wax badan oo ka mid ah u gacan galay USC.

Markii dagaalku muddo socday, waxa soo baxay cadaawad ay beelaha Daarood qaarkood isu qabeen iyo utun ay kala tirsanayeen. Majeerteen iyo Marexaan oo eedo badan kala tirsanayay isma amminsanayn oo iskama garab dagaalami karin. Dhinaca kale, Absame iyo Marexan oo colaadi dhex taalay isma dugsan karin. Waxay beelahasi qabeen shaki ah inay rasaasta isu dusinayaan hadday isgarabsi dagaalka u galaan. Si shakiga loo xalliyo waxa la qorsheeyay in beelahas kala shakisan, lakala dhex dhigo beelaha Dhulabahante iyo Leelkase marka la dagaal galayo oo iyaga oo ayan shaki ka qabin, cidna dhabarka ka wareemayn ay hawlgalaan.

Dhibaatada kale ee soo baxday waxay ahayd in khilafkii siyaasada ee beelaha Daarood u saameeyo ciidamadii frontiga ka dagaalamayay oo ay kala dhantaalanto qorshahii weerarka iyo difaacu.

Waxa kale oo dhibaato weyn noqotay hawlgalka ciidamada Majerteenka iyo Absamaha oo aagagooda si lama filaan ah u baneynayay si aagga Marexanku ku jiro culays u fuulo oo loo waxyeleeyo. Cadaawada beelaha dhex tiil waxay salka ku haysay iyaga oo dhibatooyin hore u dhex mareen iyo iyada oo la diidana in Maxamed Siyad oo wata qabilkiisa dib u qabsado Muqdisho. Dhibaatada kale oo laga cabanayay waxay ahayd in taakulada ciidamada oo liidatay, haddana maamul xumo ku dhacday oo shidalki iyo rasastii, gabaabsi noqdeen. Waxa la shegayay in takuladi loo soo ururiyay dagaalka la lunsaday. Waxa la shegayay in booyado shidaal ah la geyay Jilib oo laga iibiyay USC. Waxa kale oo la ogaaday in rag badan cadawgu laayay markii rasaastu ka go'day gaadid qaadana la waayay.

Ilaa laga soo gaaray dabayaaqadii Maarso 1991, dagaalka Daaroodka iyo Hawiyahu, kolba dhinac baa loo dillaamayay oo kolba dhinac baa dib u guranayay. Dagaalku wuxu u badna dhulka u dhexeya Kismaayo iyo Jilib. Aagga Gedona waxa ka socday dagaal lagu riiqday oo ay wadeen ciidamadii raacay Madaxweynaha oo sida aan maqalnay soo gaaray gurmad aad u badan. Ugu dambayn, Daaroodka waxa u surtowday inay isku xiraan ciidammo aad u badan oo ku kala sugna Kismaayo iyo Gado. Waxay ciidamadaasi soo qaadeen weerar mudo qaatay oo ay ku soo gareen duleedka Muqdisho. Taasi waxay baqdin badan ku abuurtay dadweynihii ku haray Moqdisho iyo nawaxigeeda oo u badna beelaha USC iyo beelaha laga tirada badanyahay ee ay ka mid yihin Reer Xamarku.

Ciidanka ka soo baxay Kismaayo waxa madax u aha Jenaral Maxamed Xirsi Moorgan, hase ahate dagaalgelinta waxa waday saraakiil u ka mid ahaa kornayl Cabdullahi Maxamed Axmed Afgaab oo lagu nanayso Gardhere. Ciidanka Gardhere watay waxay Moqdisho ka soo fariisteen dhinaca bariga. Dhinaca kale, ciidankii Gado ka soo baxay oo u hoggaaminayay Janeraal Xuseen Xasan wuxu magaalada ka soo fadhiistay dhinaca konfureed, isaga oo ka soo gudbay magaalada Afgooye. Ballanka weerarka ciidamada Daaroodku waxa u ahaa inay dib u qabsadaan Muqadisho, hase ahate, ciidamada Kismaayo ka yimi ma ogolayn soo noqoshada Siyad Barre.

Ciidamada Daaroodka ee soo kulaalay Moqdisho waxay argagax ku rideen dadkii Muqdisho ku haray oo bilaabay qax baahsan oo ay afka sareen degaanada waqooyiga ka xiga caasimadda Muqdisho.

Gulufkii Daaroodku waxa u fashilmay markii ciidamadii Gedo iyo ciidmadii ka yimi Kismaayo ay isku khilafeen qaabka dagaalka loo geleyo. Markiiba ciidamada USC oo ka faa'iidaystay khilaafka ku dhacay gulufkii Daarood baa weerar ku qaaday labadii jaho ee Daaroodku ka fadhiyay Muqdisho oo dib ugu eryay meeshay ka yimadeen ee Kismayo iyo Gado. Waxay ahayd dhacdo xanuun badan oo Daaroodku ka soo kaban waayay. Waxa dhacay cayn wareeg aan lagu talo galin oo ka dhashay raggii dagaalka hogaaminayay oo kala hadaf aha oo Daarood dhaxalsiiyay inay anqawga iska toogtaan.

Dagalkaas Daaroodka waxa kaga dhintay rag badan oo ay ku jireen labadii sarkaal ee labada ciidan kala hoggaminayay ee kala ahaa Janeraal Xuseen Xasan iyo Korneel Gardhdhere, waxana dagaalku sababay barakac saameeyay inta badan bulshadii ku noolayd Muqdisho ila Gado, iyo Muqdisho ila Kismayo. Shacabkii dhulkaas ku noola waxa isu biirsaday colaad, abaar, iyo cudur dadka raabraab u dilay. Ururka USC dagaalkas ka dib waxa u suurtogalay inu gacanta ku dhigo magaalada Kismaayo.

Intii aanay USC Kismaayo gacanta ku dhigin, waxa jiray dadaalo badan oo magaaladu isku difaacaysay. Nasiibdarrada dadka Kismaayo ku soo qaxay ku dhacday waxay ayahayd, dadka oo dhinacna weerar ka socday, dhinacna khilaaf dhexyiil. Waxa kale oo rejo go' dadku noqdeen markii dadkii hantida haystay ee difaaca ka qayb qaadan lahaa bilabeen inay jidka Libooye cagta saraan. Waxa ku xigtay in Jeneraal Maxmad Faarax Cayddiid taliskiisa u soo raro magaalada Jilib oo aan cidina is hortaagin.

Intii la waabinayay ciidamada USC ee dulaanka aha, waxa kobcay ciidamadii kooxda Al-Itixad Al-Islaami ee Kismaayo joogay oo tiradodu kor u dhaaftay 800 oo tababaran, sida u ii sheegay kornel ka mid aha madaxda ciidmada Itixaadka. Waxa ciidamadas ku soo biiray ajaaniib badan oo ka kala yimi dalka debediisa.

Markii taakuladii difaacu gabaabsi noqotay, talo waxay noqoty in Daaroodku meeshii taageero laga helayaba ay u doontaan. Xaaladdu halkaas markay marayso, waxa talo ku cadaatay ragii Kismaayo ololaha waday ee dib u noqoshada Jaalle Siyad ku hawlana. Dadkaas Siyad taagersana waxa khasab ku noqotay inay ciidamada Itixaadka ka codsadaan inay ka qayb qataan difaaca magaalada. Nasiibdaro kooxdu codsigaas uma dhego nuglaan. Waxa kale oo laga codsaday Itixaadka hub iyo raashin la siiyaan ciidamada aan iyaga ka midka ahayn ee difaaca magaalada ku jira si ay isu hortagaan gulufa USC. Itixaadku waxay ugu jawaabeen, " Naga heli maysaan wax taakulo ah intaad diidantihiin in magaalada lagu xukumo Kitaabka Eebbe!" Taas waxa ka darnayd in la ogaaday, intii Daaroodku ku maqnaa dagaalkii rogaalcelinta, in Itixaadku isku dayeen inay magaalada Kismaayo qabsadaan!

Muddo yar ka dib, markii ay USC ka soo gudubtay Jilib ee kaabiga soo sartay magaalada Kismaayo, waxa afka gacanta saaray maatadii ku nolayd magaalada. Wayeelkii waxay naf biden musanow, dumarki iyo carruurtina calaacal iyo oohin. Waxa marada tuuray gabdhihii oo raggii ku baroortay oo ku booriyay inay dagaalka galaan oo magaalada difacaan. Waxay bilabeen inay ragga makhaayadaha ka jafaan oo ay u didiyaan jahada dagaalku ka socday ee Jilib. Waxay diideen in nin gashaanqad ahi magaalada u soo hoydo.

Maalintii muusanowgu bilowday ragii ka qayb qadanayay kicinta dadka ee dhulka galgalanayay waxa ka mid aha laba oday oo kala aha Shafdero oo sheegay inu u sharaxnyahay boqorka Daarood, geeridi Muuse Boqor ka dib iyo jeneral Aadan Gabyow oo aha sarkal caan ah, dawladii Kacaankana xilal waweyn ka soo qabtay. Muusanowgaas ka dib, inta badan raggii magaalada joogay waxay barqo dheer u baxeen goobihii dagaalku ka socday.

Aniguna duhurka dabadii baan raacay odayaal dagaal diid ahaa oo abhin waday oo isku dayayay inay dadka u caqli celiyaan. Waxan dhex tagnay ciidan badan oo aan qorshe ku socon oo habaqle ah oo nin waliba sidu doono u fal gelayo. Markan jiida dagaal gaaray baa naloo diiday inaan u gudubno dhinaca ciidamada USC.

Khaladad badan oo hoggaan la'idu keentay baa gurmad-kayaga ka muuqday. Sarakiil ciidan oo badan oo ka tirsanaan jirtay Ciidanka Xoogga Dalka Somaaliyeed baa iska dhex lu-udaysay dhallinta oo aan cidina wax weydiinayn. Amaro qaylo ah oo aan cidina dhegaysanayn baa rag baqdini ka muuqato ka yeerayay. Waxa marmar la arkayay rag ka gaabiyay ciidanka USC ee dib u guranayay oo iyaga oo sii ordaya rasaas iska reeb ah soo ridayay oo dhaawacayay ama dilayay rag ka mid ah ciidanka Kismaayo ka gurmaday. Waa la hubay ragaas marka geeridooda Kismaayo laga maqlo in dumar badan oo barooranayay si ragu dagaalka u tagaan inay ooyidoonaan! Maalmahaas nafta Kismaayo taallay waxay ahayd mid sugaysa geri an qofna ka badbaadayn.

Intan u soconay dhinaca Jilib oo aan dhaafnay dhul badan iyo Bundada Arare, indhuhu waxay qabanayeen calolxumada taalay jidka. Laamiga labadiisa dhinac waxa daadsana may-dadkii ragii ku geriyoday dagaaladii aan kala go'a lahayn ee laysku riiqday ee dhex marayay ciidamada difaaca Kismaayo ee Daarood iyo ciidamadii dullaanka ahaa ee USC iyo mooryaantii ku daba gabanaysay. Maydadka noo muuqday qaarkod dhiig qoyan baa ka muuqday oo nafbaxoodu ma fo-gayn, qaarna way qalaleen oo waxay ahayn lafo maqaar ku duubanyahay oo dagaaladii hore oo lays riixriixayay ku dhin-tay. Maydadkka daadsan lama garanayn labada dhinac ee dagalamayay kay ka tirsanaayeen. Odayada aan wada soconay waxaan quraan akhris ahayn lagama maqlayn. Dhallinta aan dhex soconay waxa laga maqlayay erayo ku digasho iyo hiifid maydadka ay u gartaan inay yihin ciidamada USC! Waxa muuqatay in wax kasta oo Somaalidu wadaagto ama tixgelin jireen inay suuleen oo dhaqan guur dhcay.

Dadka dagallamayay cid aan ahayn arlada kama muuqan. Dadkii dhulka degganan jiray ee reer miyiga ama beeralayda aha waa la laayay ama way qaxeen oo waxay galeen jiqda ama tuuloyin kale bey u guureen. Inta dadkaas ka hartay ama nool lama sheegi karin, cidina ma danaynayn. Dhulkoodii waxa ku galgashay junuud aan u dhalan oo aan dad, duunyo iyo degaan midna u naxayn . Waxa ilaa ili aragtay ka muuqday beerihi oo la tiicaya midhihi oo dhirta dusheeda ku bislaaday. Waxa dhirta hoosteeda daadsana dalagyo ay ka midyihiin cambe, liin iyo moos cidla ku bisayl dhaafay cidina guranayn. Waxa daadsanaa qalabkii beeraha iyo warshadii samaynasay kartoonada mooska hanbadii ka hartay oo ku dadsanayd ha-reeraha laamiga tagayay Jannaale. Arrimahas oo dhammi waxay ahayeen wax aan la filayn in Somaalidu isu quurto, sida looga soo kabtaana adagtahay loona iloobayn.

Intan daba soconay ciidanka waxa la dilay rag badan, qaar badana waa dhawacmeen. Ragga geeriyoday galabtas waxa ka mid ahaa Shafdeero oo ka mid aha odayada ciidanka dhirigelinayay. Waxa aan dhegaysano dhawaaqa rasaasba, waxay noqotay gabbaldhac annaga oo marayna buundada Arare. Waxa laga baqaayay gurmada ciidamada USC ka soo wareega waddada Jamaame oo intu buunda ka soo gudbo dhabar jebin ku sameeya ciidamada Daroodka. Odayadii aan la socday oo ku tashday in aan Kismaayo dib ugu noqono baa naloo diiday iyada oo laga baqday in dhallinyaradu dhu-

umasho nagu raacaan. Fidkii bey ciidamadii USC ee gur-
madka aha dhinaca Jamaame ka yimadeen oo buundada dhi-
naca shishe ka soo fariisteen. Salaadda makhrib markii la
tukaday baa ragga inti dhallinyarada ahayd ee khibrad ciidan
lahayd loo qaybiyay inay qabtaan gaar oo ayan seexan.

Markiiba arlladii waxay noqotay gudcur dam ah dayaxna
ma muuqan. Waxa dhacaysay dhaxan la kogayo oo aan u ma-
leyay inay soo dul maraysay wabiga iyo badda. Hu' fiican ma
qabin oo degdeg baan culimada nabad raadiska ahayd u soo
raacay, muddo dheerna wax manaan cunin oo bayl baan daa-
caynay. Ciidanka in badan oo ka mid ah oo qabowga iyo gaa-
jada xammili weydayna amar la'aan bey dib ugu yaceen
Kismaayo.

Saqdii dhexe waxa kordhay dhawaaqa dhiilada wata ee ka
imanayay ragii loo qaybiyay ilaalada. Waxay bilaabeen baaq,
rasaas goolibar ah oo ay dhinaca buundada u ridayaan. Marba
marka ka dambaysa dhawaaqa rasasta iyo baaqu waa isa soo
tarayeen, iyaga oo gudbinaya dhiillo culus. Maray habeenka
gelinkiisa danbe ay tahay baan maqlay nuxnux ka hadlaysa
cunto la keenay. Dhallin badan baa ku yaacday goobtii san-
qartu ka baxaysay. Gudcurka awgii, dadka waxaad moo-
daysay hummaag oo la ma kala garanayn. Dugsigii aan
fadhinay kamanaan kicikaran oo waxa diidayay odaynimada
iyo maqaamka culimada aan wada socday. Waxan baaqi ku
noqonay kuududkii iyo dugsigaan fadhinay.

Habeenkii oo dhan baaqaqa dhiilada wata ee dhallinta
gaarka haysa ma kala go'in. Rasaasta goolibaarka ah ee la ri-
dayay ma kala joogsan. Marmar waxan maqlaynay in la qab-
tay 'cadow' soo dabaashay oo wabiga ka soo gudbay. Waa
adkayd in la rumaysto in gudcurka damta ah qofna wabi yax-
aas ka buuxo isku biimaynayo. Waxaan u qaatay in la doonayo

Safiirkii Maraykanka ee Soomaaliya Robert Oakley oo xafiiskiisa igu qaabilay markan waxbarashada Maraykanka u tegayay

Kooxdii adduunka laga soo xulay ee Princeton University waxbarashada loo geeyay

Dhulbara Adduunka ee Juba ku yaal

Qalcadii Dawaad ee Eyl ee Sayid Maxamad

Imam Ahmad ibn Ibrahim al-Ghazi

Safiirka Masar Abdillahi Xasan iyo Aniga

Saadon Cali Warsame

Barxada Caanka ah ee Taxriir ee Qaahira

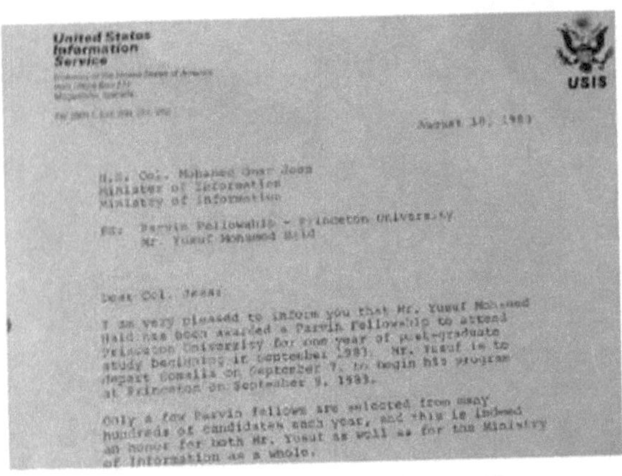

Warqada iga caawisay Amerika tago

GanacsigiiJidkaXariirta (Silk Road) ee u dhaxeeyafayna (China) iyo Yurub oo ay maalinwalba ay marijireen kumanaan geel ah oo sida shixnad

Bad mareenkii Christopher Columbus ooisaga oo habawsay tegay qaaradda Ameerika

Congressman Ashcroft oo naga caawiyay degaanka

Xilalka aan ka qabtay Maraykanka

Waa taalada Xoriyadda (Liberty Statue) ee magaalada New York oo ah irridda Maraykan laga galo

Waa taalada Qaansada (Gateway Arch) oo ku taal magaalada Saint Louis ee aan degnay

in la foojignaado oo aan la is dhigan oo laseexan.

Waagu marku soo dhawaaday, aanse libdhadu soo bixin oo aan is fiican wax loo arkayn oo tukanay, baa daryaanka rasaasta hawada qabsaday. Ciidammadi USC ee dhinaca Jamaame ka yimi ee fadhiyay dhinaca shishe ee bundada oo weerar soo qaaday iyo ciidankan loo joognay oo ka jawaabay baa bundada korkeeda ku kulmay. Muddo markay xabbadu wiifaysay bay ciidammadii USC dib u gurteen oo inta la dabagalay warshadda baakadaha la dhaafay. Waxa la qabtay laba dhallinyaro ah oo dayoobay oo ka haray ciidammadi USC ee dib u cararay. Waxa labadii wiil la wareegay wadaadadii aan la socday oo ka baqayay in la dilo oo ku tashaday in Itaxadka loo geeyo.

Barqadii goor ay tahay baan soo raacnay baabuur ku soo noqday magaalada. Waxan la murugoday dhibta dadka Somaaliyed isu gaysanayaan ee joojinteedu adagyahay. Waxan qiyaasi wayay inta dadka Somaaliyed ay u dulqaadn karaan dayaca iyo rafaadka aan dhammadkiisu muuqan. Waxan rumaystay inay adagtay in harddanka qabiilka lagu beddelo dareen waddanimo oo u turaya dadka Somaaliyeed gaar ahan inta nugul.

Markan magaalada ku soo noqday, waxa iga tegiwaay dareen ka dhashay labadii wiil ee lagu qabtay Araare oo la geeyay xerada Guulwadayasha ee ay ku jiren Itixaadku. Waxan ku tashaday inaan booqdo wiilasha oo la sheekaysto oo aan ogaao sida ay u fekerayaan iyo waxyabaha ay aamminsanyihiin. Waxan qiyaasayay in aragtidodu tahay midday qabaan dhallinta u dagalamaysa USC iyo kuwa Daaroodkaba oo aan waxba tixgelinayn oo qabyaladu madax martay.

Maalinti ku xigtay, goor ay tahay duhurka dabadisa baan kornayl aan hotelka wada degganayn ee ka midka aha ururka

Itaaxadka kana tirsana taliyayaasha ciidammada ururka ka codsaday inan la kulmo labadii wiil ee laga soo qabtay Arare. Isaga oo igu ixtiraamaya aqoonti aan isu lahayn buu codsigaygii aqbalay oo aan u tegay wiilashii.

Labada wiil mid baa da' weyna oo gadh orgi laha. Salaan iyo waraysi guud oo koobayay magcyadooda iyo noloshodii hore kadib baan hoos ugu degay ujeeddada boqashadayda. Markiiba waxa ii caddaatay wararkii badna ee aan hore u maqlay ee laga warinayay qaar ka mid ciidamada USC iyo mooryanta ku daba gabbanaysay.

Waxan iri, "Ma waxaad ka tirsanaydeen ciidamada USC?" Kii da'da weyna baa ku jawaabay, "Waa iska soo raacnay ee ka ma tirsanin!" Waxan u fahmay inay ka mid ahayeen dhallinta bililiqadoonka ahayd ee nasiibkooda tijaabinayay.

Waxan ku ceshay, "Ma waxad u soo racdeen inaad lacag heshaan?"

Muddo markay aammusnayeen oo ay jawaabta ka warwaregeen buu kii weyna dhiirraday oo yiri, "Daarood waa cadaw baa nalagu yiri!"

Waxan wediiyay, "Idinku ma Muqdisho baad ku noolaan jirteen?"

"Maya! Badiyaha baan ka soo gurmanay." Baa kii yara ku jawaabay.

"Oo maxaad laydinku yiri ?" Baan weydiiyay.

" Daarood baa Hawiye Muqdisho ku gumaadaya." Buu kii weyna ku jawaabay.

Waxay ii sheegen in ayan iminka ka hor la kulmin qof Daarood ah. Waxa kale oo ay ii sheegen in lagu yiri 'dad badan oo Hawiye ah baa Daarood laayay, inta noolna haddii aan laga gaarin wey gumaadayaan'.Waxan isku dayay in aan ka dhaadhiciyo in Daarood iyo Hawiye isku dad yihin oo labaduba

Soomaali iyo Muslim yihin. Waxaan ku dadaalay in aan ka dhaadhiciyo inay dagaalka ay wadaan dad doonaya Somaaliya madax ka noqdaan, dadkaasina ayan dan ka lahayn dadka dhimanaya. Waxa muuqatay inay rumaysteen beenti ahayd in Daarood yahay gaalo Hawiye gumaysta.

Dagaalkii Arare wuxu qaboobay intii ka danbaysay jabkii ciidamada Daarood ee duleedka Muqdisho. Markii ciidamadii USC ku biyo keneen difaacii ciidammada Daaroodka ee magaalda Kismaayo oo raggii iyo saadkuba gabaabsi noqden baa lagu noqday madaxdii Itixaadka mar kale oo laga codsaday inay ka qayb qaataan difaaca magaalada. Waxay ku jawabeen inayan ka qaybgelayn dagaal qabiil, hase ahaate haddii magaaladu oggolato in lagu maamulo shareecaga inay madaxda USC ka codsandonaan inay magaalada ka joojiyaan weerarka.

Shacabkii magaalada waxa khasab ku noqotay inay kala doortaan laba hadimo oo kala ahaa inay Kenya u qaxaan iyaga oo qaadaya jidka Habaar Waalid, ama inay weerarka USC oo naftooda iyo hantidooda halis ku ah ay ka hor tagaan. Odayadii magaalda ka talinayay oo waagu ku kuberyay baa oggolaaday xujadii wadaadada Itixaadka ee ahaa in magaalda lagu maamulo Shareecada Islamka iyo Kitaabka Alle, haddii ay USC joojiso weerarka.

Wadaadadii Itixaadku waxay markiiba wafdi u diren madaxii USC, Janeral Maxamed Faarax Cayddiid oo fadhiyay magaalada Jilib. Markii Janeral Cayddiid loo sheegay codsiga Itixaadka ee ah in USC ka noqoto Kismaayo oo weerarka joojiso, wuxu ku jawaabay baa la yiri, "Daarood marka laga adkaado ee u baqo Kitaabka Alle buu ku soo gabbadaa!" taladii wadaadada Itixaadkana ganafku ku dhuftay oo waa diiday. Waxa kale oo la sheegay inu wadaadadii Itaxaadka ku amray inay xeryahooda ku ekaadaan, hubkana soo warejiyaan. Wuxu u raaciyay, haddii ay sidaas yeelaan inay nabadgelyo helayaan magaaladuse hoos tegayso maamulka USC.

Wadaadadii Itixaadku may yeelin taladii Janeral Cayddiid, waxayna doorteen inay ka garab dagaallamaan ciidamada difaacayay magaalada. Maalinti ay Itixaadku u baxayeen jiidda dagaalka aad bey xoogooda u mujiyeen. Waxay fuleen baabuurta xammuulka oo kor ka furan oo aad u badan, iyaga oo ka dul taagay calamo oo erayo diini ahi ku qoranyihin. Waxay dhaqaaqeen iyaga oo qasidooyin dhiirigelin ah qaadaya. Raggi gaashan qaadka ahaa ee magaalada joogay iyo wadaadadii oo wada socda baa ka hortegay weerarka ciidamada USC. Maalin iyo habeen markii dagaalku socday baa la jebiyay wadaaddadii iyo xoogagii magaalada ee ka garab dagaallamayay oo labadiiba la xasuuqay! Waxa maalinti ku xigtay xeryihii Itixaadka lagu soo daabbulay maydadkii iyo dhaawacii wadaadadii ku dhintay dagaalki Bundada Araare.

Maalinti lagu jabay dagaalkii Araare oo ku begnayd bisha Abriil dhexdeeda 1991, dadkii magaalda waxa u bilowday qax ay isku dayayaan inay naftooda badbaadiyaan. Qof waliba waxa u ku dhaqaaqay meeshu islahaa waad ku nabadgelaysa. Qaxu wuxu u qaybsamay dad waddada Habar Waalid ee Libooye tegaysa caga saara iyo kuwo ku yaacay dekedda oo ay tagnayeen dooni Boosaaso u socotay iyo doon Itixaadku lahayen oo aan la ogayn meel ay u socoto, aanse loo ogolayn dadka aan ururkooda ka tirsanayn.

Aniga iyo reerkaygu waxaan ku jiray dadkii ku yaacay dekeda. Annaga oo dad badan ah habeenkii oo dhan waxan walahownaba, waaberigii gooray tahay oo dad badan dekeda tubanyahay baa madaficdii USC soo ridayeen dekeda ku soo dhaceen. Dumarkii iyo carruurtii oo argagax ku dhacay baa isku daray oohin iyo calaacal. Raggii oo talo ku caddaatay, kana xun dhibaatada ku habsatay baa kooxiba intay meel is- tubtay ku dhaygagay oo indhuhu ku gureen jahadii madaafi- icda USC ka soo dhacaysay.

Bishii Ariil 24 1991, waagu marku beryay baa USC kismaayo qabsatay oo daryaanka hubku korday oo dhinac walba isqabsaday oo dhulku gariiray. Waxa cirka isku sha- reeray qaylada dhiiladda xambaarsan ee dadki aan dagaala- mayn. Madaafiicda nagu soo dhacaysay waxa la socday rasaas sida roobka ugu soo da'aysay dekedda. Dumarkii waxay daadiyeen wixii qiimaha lahaa ee ay siteen iyo jiscinkii ay jidmarka ugu talagaleen. Waxa barxadii dekedda warmay dhar, cunto, lacag iyo wixii qiimaha laha ee ay dadku wateen oo dhan. Nafta waxaan ahayn oo dhan dhulka la dhigay.

Waxa dad badan ku yaceen doontii Bosaso tegaysay oo inta la kiciyay inay dhaqaaqdo diyar u ah. Dad dumar u badan oo aan dabbaal aqoon oo isku dayay inay ku boodan doonta sabaynaysa baa badda ku daatay oo iyaga haftay biyaha ka dhex qaylinayay. Dadkaas inta mawjadii baddu hugii ka siib- tay bey iyaga oo muddug ah oo ku dheggan qarka dekeda iyo wixii gacantoodu gaarto, mawjadahu kolba dhinac u tuuray- een. Dadkaas intii badnayd markay daaleen bey badda isu dhi- ibeen oo ay liqday. Waxay ahayd maalin qiyaame oo aan cidina filayn cidina u diyaargaroobin oo murugo badan.

Waxa dekeda soo galay teknikadii USC oo ragii la socday intay ka daateen boob laba-gacmoodle ah ku bilaabay qani- imadii dhulka daadsanayd. Colkii mid waliba wuxu qaadi karay marku urursaday buu dib ugu cararayay teknikadu ka soo degay oo dib u xawaareeyay. Ilaa ay gaartay barqo dheer waxa iska daba imanayay ciidamadii weerarka ahaa iyo moryantii la socotay ee dekeda boobaysay. Waxay gacanta mariyeen wixii dekeda daadsana. Ugu danbayntii waxa soo galay baabuur waaweyn oo lagu rary rashinki iyo badecadii taalay bakharada dekeda. Waxa yaab lahayd inkasta ay dekeda joogeen rag badan oo kaharay ciidamadii Daaroodka, haddana ciidamada USC ma dilin nina intay dekeda kolba dhinac u yaacayeen ee qaniimada urursanayeen. Waxa caddayd in ujeeddada dagaalka USC u aha hantidoon ee aan loo halgga-mayn xukunka dalka.

Waaberiga ka hor, intii aan ciidamada USC soo galin dekeddda, waxa meel badda qarkeeda ah iiga muuqday mu-dane Cabdirasaaq Xaaji Xuseen oo hoggaaminayay kooxdii manafeesto ee xukun doonka ahayd ee Kismaayo timi. Wuxu eegayay ciidamada USC ee ka soo yaacayay cadceed ka soo baxa. Intaan u tagay baan salaan ka dib ku iri, "Mudane saaka ka warran xaalada Kismaayo?"

Intu indho daallan igu soo eegay oo hubiyay ninkan ahay buu yiri, "Saaka taariikhda Kismaayo waa maalin madow!"

Waxooga markan ammusna oo maatada qooyaysa jaleecay baan ku iri, "Dadku haddu waayo cid u taliya sidaas baa u dambbaysa."

Waxan u leexday dhinaci doonta wadaadada Itixadka oo la tuhunsanaa inay u goosanayso Mombasa oo hooyo, walaalkay, xaaskiisa iyo caruurtiisa iyo walashay ay doonay-een inay racaan. Qaybtaas reerka waxaan meel uga waayay doonta Boosaaso u socotay oo reerka qaybtii kale raacayeen. Markan hooyo dardaaranay baan u carary dhinicii doonta aan raacayay.

Doontu waxay dhaqaaqday iyada oo rasaasta USC ay ma-gaalada ka dhacayso. Waxan afka saarnay waqooyi, annaga oo aan hubin inaan nabad ku tagayno Briga Somaaliya iyo magaalada Boosaaso. Dad badan oo aan ku qorayn baa doonta khasab ku soo fuulay, kuwo kale oo badana iyaga oo isku dayaya inay soo koraan doonta bay badda ku daateen oo muquurteen oo waa la hubay inay xijaabteen. Cid dadkaas qarraqmayay dan ka leh ama ka naxaysay oo isku dayday inay badbadiyaan ma jirin! Dadka ay isku qoska ahayeen xitaa ma murugoonayn. Somaali in badan oo ka mid ah baa talo xumo ku dhimatay.

Sidan mar dambe maqalay, dadki ku qaxay waddada Li-booye (Habaar Waalid) waxay la kulmen rafaad badan. Waxay ahayd xilli roobaad oo jidku dhiiqo yahay oo baabuurtu ku dhaabmeen. Intii baabuurta dhiiqada gashay ka boodday ee isku dayday inay lugeyaan waxa kala boobay libaax iyo dugaag kale, inna gaajo iyo daal bay cidla' ugu dhinteen. Inti ku hartay baabuurta dhiiqada galay waxa ka daba tegay ci-idamadi USC iyo bililiqadoonkii la socday oo ka diirtay waxay siteen.

Dadkaas cidlada ku aakhiro tegay waxa ka nasiib xuma kuwi Mombasa doonyaha u raacay oo in badani badda ku qar-raqantay. Doonyaha ay dadku raaceen oo intooda badan gabow aha, dagaalka ka hor, doontiiba waxa raacijiray dad ka yar 150 qof oo midkiba bixinjiray 50 doolar. Nasiibdarro, doonyihii waxay ka faa'iidaysteen dadkii qaxayay, iyaga oo doontiiba qaaday ugu yaran 700 oo qof, qofkiina ka qaaday ugu yaraan 500 oo doolar oo aan gorgortan lahayn.

Doonyahas qaar ka mid ah oo gaaray xeebata Mombasa dadki la socday, intii ka hartay waxay soo sheegeen in doon ay la socden dad ka badan 150 geeriyoodeen oo lagu aasay xabaal wadareed laga faagfaagay xeebta tuulo ay tageen. Warku wuxu intaas ku daray inay dadka dhintay u badnaa dumar iyo carruur lagu soo kuusay khanadaha hoose ee doonta. Doontaas oo inteeda badan baddu liqday lama ogayn inta qof ee khanada hoos ku jirtay ee badda loo daayay.

War kale ayaa sheegayay in xaaladda dadka doomaha ku qarraqmay ay ahayd mid murugo badan. Waxa la sheegay in dadka halaagmay ay ka mid ahayen kuwo badan oo aan dabaal aqoon oo ka dhex qaylinayay khanka hoose ee mugddiga ah ee doonyaha baddu liqaysay. Kuwo badan oo kor fuulay doonta inta badda ka soo jeeda baa isku tuurayay biyaha oo la hubay inay dhimanayaan. Waxa la rumeeyay, hadday dabbaal aqoon lahayeen inay xeebta dhibyari ku iman lahayeen.

Maalinti USC soo degtay magaalada Jilib laga bilaabo, waxa magaalada Kismaayo maalin walba ka baxayay dad badan oo marayay badda. Marki ciidamada USC ku soo dhawadeen Kismaayana waxa maalin walba magaalada ka baxayay uguyaraan seddex doonyood oo dad sida. Dadkaas intooda badan waxay ku xijaabteen badda, in ka badan oo dhulka marayna waxay ku dhinteen jidka u dhaxeeya Kismaayo iyo Libooye.

Cutubka 6aad

Soodhaweyntii Arlada Udugga

Dadkii doonta Kismaayo ka raacay waa ka badnayeen dhowr boqol. Dadka badankoodu waxay doonta ku soo fuuleen khasab ka dib marki weerarka ciidama USC soo galay dekeda, waxayna ahayeen dad u dhashay gobolada Daaroodka ee Somaaliya iyo dad qaraabo la ah. Waxa khaanada hoose ee doonta saarnaa biraha dhismaha guryaha iyo baabuur dadka doonta watay ku soo rarteen. Cunto iyo biyo la sheegikaro midna doonta ma saarayn. Wixii biyo ah ee doontu heli kartay waxa loo tashiilayay madaxda khaanada doonta saaran ee wasiiradu ka mid ahayeen, shaqaalaha doonta iyo dhallaanka iyo hoyooyinka oogada doonta saaran. Ragga iyo dumarka soollanaha ah, waxa quud u ahaa dhadhamo sonkor ah oo marmar sacabka loo taabsinayay iyo biyaha badda oo ay dhuunta ku qoynayeen. Doontu ma lahayn musqulo kaafi ah, waxayna ahayd waqti jawigu aad iyo aad u kululyahay. Doontu markay dhaqaaqday muddo yar ka dib waxa lagu haftay urta kaadida iyo dhididka dadka. Inkasta oo loo socday Boosaaso, markii nadaafad xumo, gaajo iyo harraad ay dadkii isugu darsantay baa laba maalmood iyo laba habeen kadib lagu khasbanaad in doonta loo leexiyo magaalada Eyl oo dadka lagu dejiyo. Waxaan magaalada Eyl ka deganay bishii Abril 26, 1991.

Dalka isgaarsiinta qura ee shaqaynaysay waxay ahayd halow-halowda booliska oo degmo kasta oo dalka ka mid ah ku tiil, iskuna xiraysay shacabka Somaaliyeed ee daafaha dalka u kala yaacay. Waxay noqotay in shaqalihii isgarsiinta boolisku nolol ka heleen, dalkana ay isgarsiin u noqdeen, hay'ad kale oo dalka ka shaqaynaysayna ma jirin.

Dadweynaha gobollada Bari iyo gobolada ku dhowdhow waxay isgarsinta booliska ka maqleen in USC magaalada Kismaayo qabsatay, doon dad badan sidda oo biyo iyo cunto u baahanina ku soo fooledahay Gobolada Bari ee Somaaliya. Markii isgarsiinta laga ogaaday in doonta ay saaranyihiin dumar, carruur, dad waayel ah iyo dad dhaawac ah oo ay ku soo jeedo magaalada Eyl, waxa laga soo gurmaday maga-aloyinka gobolada Bari, Nugaal, Sool, iyo Mudug. Waxa Eyl yimi baabuur sidda cunto iyo cabbitaan oo ka timi Garoowe, Bosaso, Lascaanood, Qardho, Galkaacyo iyo tuuloyin kale oo badan. Waxa xeebta Badey oo ah dekada Eyl la safay dad sida cunto iyo cabbitaan lala soo gurmaday. Waxa la diyaariyay bedanno iyo ragii waday oo loogu talo galay inay dadka jilic-san doonta ka soo rogaan oo xeebta kenaan.

Doontu markay baroosinka tuuratayba waxa ka daatay dadki fududa oo ku ducaysanayay "Ilaahow mar uun dhulka!" Ragi badanada waday ee xeebta lagu diyaarshay waxay soo dejeen dadki jilicsana oo u badnaa haween iyo carruur oo ay xeebta keneen. Qof walba waxa la geeyay meel uu ku nasto. Dadkii xeebta la taagnaa caanaha iyo cabbitanka kale baa qof walba meeshii la geeyay ku habay. Waxa xusid mudan in haw-sha gurmadka ee baaxaddaas leh u abaabulkeeda laha nin oday ah oo gobolka Bari iyo Somaaliyaba magac ku lahaa, madaxda gobolka Barina ka mid ahaa oo la oran jiray mudane Cali Xaaji.

Waxa iga yaabiyay dareenka dadka na soo dhaweynayay ka muuqday. Waxa caddayd inay ka xumayeen rafaadka naga muuqday iyo gardarada naloo geystay. Waxa aan caad saarayn in dadka Somaaliyeed ay qabyaaladu qiimo weyn ugu fadhido oo markay isa soo taagto qabiilka iyo qaranka, qabiilka loo xagllinayo oo dhinaca la saarayo. Su'aalaha nala weydinayay waxay u badnaayeen xaaladda Daaroodka aan kaga nimi Kismaayo ee laysma weyddiinayn meesha qarankii Somaaliyeed ku dambeeyay iyo dhibaatada dhacday waxay ku danbayn doono!

Markan biyo cabnay, carruurtina cuntaysay oo aan nasannay baan wiilashi aan watay gacanta qabtay oo u dhaqaajay dhinaca durdurka Eyl oo dekedda biyaha kaga dara badda. Waxan rabay inan carruurta jidhaamaha durdurka ugu soo qubeeyo. Durdurku waa afka ugu dambeya ee togga Nugaaleed oo Burco iyo Garoweba soo mara. Jidhaamuhu waxay ku yaalliin inta u dhexaysa labada qaybood ee magaalada Eyl ee Daawad Iyo Bedey.

Waxooga markaan raacnay durdurka baa wiil yar oo aan da'diisa ku qiyaasay toban jir oo joog af weyn iyo koobab caag ah sida naga soo daba orday. Marku na soo gaaray buu koobabkii joogii daray oo noo soo tagay biyo liimo oo yiri, "Adeer cabba!" Intan ka qabannay baan aniga iyo carruurti dhulka salka dhignay oo tartiib liintii u fiiqsanay. Waxooga marku nagu dhaygagay buu isaga oo wajigiisa calolxumo iyo yaab ka muuqdo erayo jajaban ku yiri, "Adeer, maxaad dhul shisheeye ka doonteen?"

Su'aashi wiilka baan aad uga naxay. Waxan ka fiirsaday sidaan ugu jawaabi lahaa. Waxa caddayd inuusan fahamsanayn colaadda dalka ka jirta iyo waxay ku sabsantahay. Waxa aan ku iri, "Adeer, meeshaan ka nimi iyo halkan aan joognaba waa isku mid oo labaduba waa dal Somaaliyed. Dadka dagaalamaya waa dad isu xanaaqsan, waana heshiinayaan."

Wiilkii isaga aan garowsan jawabtayda buu yiri, "Haddii ay Somaali wadayihiin maxay u dagaalamayaan?"

Muddo markan aamusnaa oo jawaabtan siin laha ka fakiray baan ku sasabay, "Adeer, haddi laba wiil oo walaalo ah dagaalamaan oo mid gurigooda ka tago oo guriga adeerkii tago, weli labada wiil sow walaalo ma aha? Marka, waa sidaas oo kale oo waa dad walalo ah oo isu xanaaqay oo dagaallamay. Marka adeer, waa heshiin doonaan, insha Allah!"

Anigu magaalada Eyl aqoon baan u lahaa oo waxan sannadki 1971-72 ka noqday macallin. Labada dhinac ee magaalada ee Dawad iyo Beday waxa isku xira togga Nugaal, waxayna isku jiran 7 km. Daawad waxay ku taal berriga, Bedeyna xeebta Badweynta Hindiya. Magaaladu waxay ka mid tahay magaaloyinka qadiimiga ah ee taariikhda guunka ah leh ee Somaaliya.

Eyl waxa la degay dabayaaqadi qarnigi 19aad oo uu Sayid Maxamed Cabdile Xasan qaybta Daawad ee magaalada xarun ka dhigtay. Magaca Daawad waa magaca qalcad ku taala qaybta Daawad ee magaalada oo ka mid ah qalcadihii Sayidku ka dhistey gobolka Beri ee Somaaliya.

Qalcada waxa dhismaheeda la bilaabay sannadkii 1900 oo ahyd markii Sayidku degay goobta qalcadda laga dhisay. Waxa la dhameeyay afar sano ka dib sannadkii 1904. Daawad waxay ku taal laba qar dhexdood oo u maro togga Nugaal. Biyaha togga ee qulqulaya iyo jidhaamaha ay abuureen waxa ka faa'iidaysta dadka magaalada oo ka fashay beero yaryar oo qudaar ah oo baahida magaalada daboola. Waxa toga ka cabba xoolo aad u badan oo miyga ka yimada. Beeraha magaalada waxa aad uga baxa qudaarta ay ka mid tahay bataati macaanta oo ay uga duwantahay magaalooyin badan. Waxa kale oo magaaladu leedahay ilo biyo kulul iyo kuwo qabowba ka soo burqadaan oo dadku ku qubaystaan. Waxa magaalada ku dhow goobta loo yaqaan Ilig oo Sayid Maxamed kula kulmay ergaygii gumaysigi Talyaanka ee la oran jiray Giulio Pestalozza oo ay ka wada hadleen gacan ku haynta dhulka Somaaliyeed ee Sayidku ka talinayay Talyaniguna hunguraynayay.

Casarkii goor ay tahay baa dadkii doonta la socday dhammaan isugu yimadeen garoon Daawad ku yaal oo la yirahdo Galaydhyaale oo ay diyaar ku ahayeen baabuur fara badan oo loogu talo galay inay dadka u daadgureyaan magaalooyinka ay u kala socdeen. Baabuurta korkoda waxa sarnaa dhallinyaro ku baaqaysay baabuur walba magaaladu tegayay. Magaalooyinka ay buurtu u socdeen waxa ka mid ahaa Gaalkacyo, Garoowe, Laascaanood, Qardho, Boosaaso, Buuhoodle, iyo magaalooyin kale oo badan.

Aniga iyo reerkaygu waxa aan gurada jarnay baabuur xamuul ah oo u socday magaalada Boosaaso oo aan ku ogaa nin aan tol nahay oo lagu naanayso Guulwade. Waxay u ekayd in shirka baabuurtu u xirnaa dadka beelaha baabuurta leh. In kasta oo carruurtaydu jeclaysteen inay fuulaan shirka baabuurka aan raacaynay, may fahamsanayn in ayan suuragal ahayn oo ma garankarin qaabkay qabyaaladu u shaqayso.

Salaadda casar markii la tukaday baan Eyl ka baxnay. Muddo markaan soconay oo ay makhrib tahay baa baabuurkii la joojay oo dadkii intii fududayd degatay oo tukatay. Waxay ahayd wax Ilahay loogu mahadiyo inan ka xorownay baqdinti joogtada ahayd ee geerida wadatay ee nagu haysatay Kismaayo. Galabtaas meel cidlo ah baan ku tukanay annaga oo aan baqdin iyo welwel midna qabin. Salaadda ka dib baan baabuurki fuulnay oo socodkii halkii ka sii wadanay.

Weli annaga oo safarkii ku jirna baa fiid dambe roob duufaanno iyo dhaxan wata nagu dhuftay. Waxa nagu habsaday mahiigaan arladiina waxay noqotay gudcur dam ah oo aan wax sanka ka durugsan aan la arkayn. Waxaan ka daadanay baabuurkii oo qofba meel fooda geshay. Aniga iyo islaanti waxan ku dadaalnay in afartii carruurta ahayd oo qoyday oo dhaxan la gariiraysa aan sasabno. Intaan sida goroyada hoos gelinnay oo waxan hu' haynay isku dadnay baan shiraqi baabuurka oo dhulka loo soo dejay, dadkina ku hoos jiraan la huluulanay. Muddo dheer waxa nagu socday roobkii dufaanka iyo dhaxanta watay. Goor waagu soo dhowyahay buu roobki naga qaaday oo aan salaaddii subax tukanay. Salaadda ka dib baan baabuurkii fuulay oo aan dhaqaaqnay. Carruurta waxan quraac uga dhignay buskud hooyadood ka soo qaaday kulankii soo dhaweynta ee dekeda Badey.

Ammin ku dhow duhur baan laamiga kaga dhacnay meel magaalada Qardho ka xigta dhinaca magaalada Boosaaso. Intaan laamiga ku soconay waxaa dhinaca Qardho noo dhaafayay baabuur badan oo ay saaranyihiin rag aad u hubaysan oo badankooda madaxu u duubanyahay. Tuuloyin aan istaagnay baa nalooga sheegay in ciidamada na dhaafay ay yihiin gurmad u socda Gaalkacyo oo ay soo weerareen jabhadda USC.

Maalmo ka dib Boosaaso waxa yimi war sheegay in Gaalkacyo oo nabad ah, jabhada USC ay habeenkii bisah Maarso ahayd 2da, 1991, magaalada laga soo weerartay dhinaca waqooyi oo ay deggantahay beesha Majeerteen iyo beelo kale oo la bah ah. Jabhaddu waxay habeenkas muddo 12 saacadood ah dishay dad badan. Sida la wariyay dadka la laayay waxa ka mid ahaa caruur iyo haween. Waxa la bililiqaysatay hant badan oo dhinac waqooyi ee magaalada taallay, waxana la gubey dhismayal badan. Waxa lagu xadgudbey sharafti gab-dho badan oo ku noolaa xaafadii la weeraray. Su'aasha isweyddinta mudan waxay ahayd, maxaa kallifay dad Somaali ah oo dhaqan wadaag ah inay isu quudhaan xadgudubka intaas leeg? Maxaa loo tixigelinwaayay wada dhalashada iyo wada dhaqan dambe?

Casarliiq baan galnay Boosaaso oo aan baabuurkii ka deganay, talaaba iyo istaaguba waa na dhibayeen, carruurtana gaajo baa u dherayd. Waxa nalo tilmaamay guriga Guulwade ee aan u soconay ee aan tolka ahayn. Wuxu na qaabbilay isaga oo ka xun dhibatada iyo rafaadka naga muuqatay. Xaaskii iyo carruurti intu gurigiisa geliyay buu anigana ii weeciyay dhinaca huteel u laha oo i dejiyay qol gaar ah. Muddo dheer bey nagu qaadatay inan ka soo kabano darxumadii iyo rafaadkii na soo gaaray intaan Kismaayo joognay, intaan saarayn doonta iyo baabuurkii aan ka soo raacnay magaalada Eyl.

Ma jirin sife aan ugu negaano magaalada Boosaaso. Iima muuqan fursad aan Somaaliya curuurta ugu korin karo. Qorshahaygu waxa u ahaa inan u gudubno magaalada Jabouti oo aan uga sii talowno Yurub ama Amerika, annaga oo magangelyo raadinayna. Nasiibdaro, waxay nugu qaadatay muddo dheer sidaan u heli lahayn doon tegaysa Jibuuti. Ma jirin dariiq kale oo Jabuuti lagu tegi karay. Carruurtiina waxa isugu darsamay xaraarad, kulayl iyo xanuuno aan dhakhtar iyo daawo midna loo hayn oo Alle uun loo baryayo si ay u raystaan.

Boosaaso waa magaalo fac weyn, taariikh fogna leh. Waa magaalo la da' ah magaalooyinkii qadiimiga ahaa ee Talyaaniga, Giriigga, Masaar, Ciraaq, iyo magaalooyinka Aasiya. Sida uu tilmaayo buugga Periplus of the Erythrean

Sea, magaalada Boosaaso qarnigi 10aad waxa la oran jiray Mundu, waxayna ahayd magaalo xiriir la leh Yurub iyo Aasiya[2]. Buuggu waxa u sheegaya in waqtigaas magaalada laga dhoofin jiray alaabo badan oo ay ka mid ahayen beeyada iyo malmalka. Samankaas magaaladu waxay xarun u ahayd dhulkii adduunku u yiqiinay Dhulka Udugga (Puntland).

Taariikhda la tilmaamayo ee Boosaaso waxay ku beegantahay waqti ugu yaraan dhowr boqol oo sano ka horayay marki reer Yurub ay ogadeen jiritanka qaarada Ameerika. Reer Yurub Markii ugu horeysay bey 1492 tageen qaarada Ameerika. Waxa ku xigay inay 1607kii dhagax dhigeen magaalida Jamestown oo ugu horaysay qaarada Amerika. Boosaaso waxa adduunka laga aqoonsana boqolal sano ka hor asaaskii magaaloyinka Yurub.

Marka dib loo raaco magaca magaalada, siday sheegan dadka reer Boosaaso, halkay ku taal waxa degay nin ganacsade aha oo la oran jiray Qaasim. Waxa la sheegay in ninku laha hal u jecla oo la oran jiray Boosaaso, waxana dadka qaar rumaysanyihiin in magaca magaaladu ka yimi hasha Qaasim. Waxa kale oo magaalada loo yaqaan Bender Qaasim oo la macno ah Magaaladii Qaasim, taas oo la wariyo inay bixiyeen ganacsato Carbeed oo xiriir ganacsi la lahayd dadka u dhashay magaalda Boosaaso.

Magaalada markan tegnay waxay ahayd xilliga kulaylaha, dadkuse waxay noo sheegen inaan kulayl badani jirin, marka loo eego sida kulaylku xagaagu yahay. Huurka waxa kordhinayay magaalada oo aan dhir lahayn oo ay adkayd in la arko geed cagaaran oo hadh leh, marka laga reebo dhawr geed oo waaweyn oo ku yaal dekadda meel ku dhow. Waxa kale oo la dareemayay inaan magaalda dad badan joogin oo laga xagaa baxay. Waxa kale oo naloo sheegay in dad badan magaalada ka guurey markii dawladihii kala dambeyay ee Somaaliya ay mudnnaan siinwayeen Gobolada Bari. Magaalada cunto badan lagama helayn oo wey adkayd in la arko cunto leh nafaqo isu dheellitiran iyo cuntooyin daray ah. Marka laga yimaado makhaayado yaryar oo aan cuto fiican hayn, waxa magaalada laga helayay timir wadooyinka qarkood dumar ku iibinayeen.

Waxaan magaalada ku arkay dhowr wax oo aanan filayn. Midi waxay ahayd dekedda oo ay haysteen wadaadada Itixaadka oo la koox ah wadaadadii dekedda Kismaayo haystay oo dhaqaalaha dekeda ururinayay. In kasta oo ay wadaadadu dadka magaalada u itaal shegteen oo aan raalli laga ahayn, cidina u diran dekedda maamulkeeda, haddana sax bey iila ekayd inay ammaanka iyo dhaqaalaha dekedda gacanta ku qabtaan. Waxay cashuurayeen waxyabaha dekedda ka soo degaya iyo waxyabaha ka dhoofaya. Fiidkii marka la gaarana dakhliga maalintaas soo hoyda, waxay qataan mooye inta kale waxay u qaybinayeen qabilooyinka dekeda sheegta iyo kuwa la beesha ah ee martida u aha.

Arrin kale oo iga yaabiyay waxa u aha magaalada oo aan si baahsan kalluunka looga cunin, hase ahaate dekeda markaan tegay waxan arkay kulunkii oo ku xoonsan doonyaha hoostooda oo ay shaqaalaha ajnabiga ee doonyaha wata guranayaan. Waxay isticmaalayeen tunuug gunta shaando laga dhigay oo sidii wadaanta badda lagu tuurayo oo lagu soo xaabsanayo kuluuga ku xoonsan doonyaha hoostooda. Kulunku waxa u doonyaha hoosteda ugu soo xoomay raashinka daadanaya. Waxa garanwaayay sababta dadka magaalada ku nool ay gaajo ugu seexdaan iyaga oo ka dhergi karay nimcada ay ku fadhyaan ee badooda jiifta!

Arrin kale oo xiiso lahaa wuxu ahaa magaalada oo buuraha

ku dhowdhow leeyihiin goobo lagu dalxiiso. Buuraha qaar waxa ku yaal godad ay ka soo burqanayaan biyo kulul iyo kuwo qabow oo wasaarada dalxiisku berkado ka dhistay oo loo nasasho tago. Dadka dalxiisaya waxay galaan gododka biyaha kulul ka dib waxay u soo baxaan kor oo ku dabaashaan barkadaha biyaha qabow iyaga oo cunaya qudaarta lagu beeray hareera barkadaha iyo cuntooyin lagu diyaarshay makhaayad ku taal goobta.

Arrinka kale oo iga yaabiyay waxa u ahaa ragga magaalada ku nool oo badankoodu aad mooday inaan xil saarayn. Waxay u badnaayeen fadhiga buushashka dumarku shaaha iyo jaadka ku iibiyan oo inta helikartay ku qayilaan. Inta qayilaysa oo sheekooyin aan nuxur lahayn shubaysa mooye, inta kale waxa maaweeliya khurafaadka kuwa mirqaansan. Wax dareen ah ama xog ah oo ku saabsan dagaalka dalka ka socda iyo qadiyada laysku hayo midna hawshooda ma ahayn!

Malmahaas magaalada waxa la hadal hayay weerarkii USC ee magaalada Gaalkacyo oo dadku aad uga xumaadeen. Waxa la rumaysna in jabhadda USC ee magaalada soo weerartay u watay nin lagu magacabo Qaybdiid, laguna edeyay inu dilay dad gaaraya 600 qof oo ay ku jireen odayaal caan ah iyo dad birimagaydo ah!

Iyada oo dhacdadii Gaalkacyo qoyantahay baan galab tegay suuqa weyn ee magaalada. Galabtaas waxa dhacaysay dabayl siigo badan wadata oo aan la socon karin af iyo indho dabool la'aan. Waxan sii dhex maray xaafado meel walba qashin yaallo oo aan muddo dheer nadaafad helin. Goobo badan waxa ka muuqday guryihii iyo xafiisyadii dawlada oo haawanaya oo lagala baxay wixii manfac lahaa oo ay ka mid ahayeen iridaha, daaqadaha, iyo jingadaha. Gidaaro muruxsan oo nuuraddii ka duushay iyo sagxado jajaban oo keli ah baa guryahaas ka soo haray. Guryahaas badankooda waxa ka bu-uuxay qashin ay dabayshu ku kiishtay oo hoy u noqday bisadaha iyo cayayaan kale.

Waxan socdaba waxan ku soo baxay makhaayad ay fad-hiyaan dhallinyaro badan. Salaan ka dib intaan la fariistay baan shah dalbay, iyagana sida dhaqanku yahay u sheegay inay shaah dalbadaan si aan sheekada uga qaybgalo. Codsigii laygama ogolaan, waxase aan la ii diidin inaan sheekada ka qaybgalo. Markii kala qaloodkii ba'ay baan su'aal dhex dhi-gay aniga oo leh, "Magalada Galkacyo USC baa beri dhaweyd soo weerartay oo dad badan ku dishay ee miyaydaan gur-madka ka qaybgelin?"

Muddo markii la aammusnaa oo eegmo aan jawaab lahayn socotay oo laga shakiyay cidda aan ahay baa wiil ka mid ahi yiri, "Waa dagaal u dhexeeyay USC iyo kooxo taageersan Siyad Barre oo doonaya inu xukunka ku soo noqdo."

Aniga oo jawaabta lama filaanka ah ka yaaban baan iri, "Waxa Gaalkacyo ka dhacay Maxamad Siyad Bare shaqo ku ma lahayn. Dadka lagu layayna Kacaanka ma taagersanayn. Dad aan waxba galabsan baa lagu xasuuqay ee miyaydaan la socon oo ogayn?"

Wiil aad moodaysay inu wax gocanayo baa hadal boobsiis ah ku yiri, "Dagaal Maxamed Siyad lagu soo celinayo kama qaybqaadanayno. Xitaa haddii USC imanayso Boosaaso ka ma celinayno ilaa Maxamed Siyad iyo ciidamadiisa laga saarayo gayiga Somaliya."

Markii hore jawaabta dhallinta ma fahmin oo waxan moo-dayay inay ka xunyihiin dhiigga Somaaliyed ee macnad-darada u daadanaya, waxanse naxay markan maqlay hadalka wiilkii ugu dambeyay oo muujiyay inu cadaw u arko cid kasta oo la xulufo ah Kacaanka iyo ciddii taageertaba. Anigoo ku wareersan Somaaliya jahaday u socoto baan ku noqday ho-teelka aan degganaa oo magaalada daraf kaga yaalay.

Markii aan muddo Boosaaso joognay oo aan la'nahay doon aan u raacno Jibuuti baa subaxdii danbe layga yeeray halowhalowda booliska oo la ii sheegay in walaalkay Xuseen oo jooga magaalada Buuhoodle doonayo. Waxan filayay inu hooyo iyo reerka intii naga hartay oo aan filayay inu la raacay doontii wadaadada Itixadka ee Mombasa u socoty. Aniga oo u oomman warka reerka intii maqnayd baan tegay halowhalowda xarunta booliska Boosaaso oo aan Xuseen is-maqallay. Waxa walalkay ii sheegay in doontii Itixadka ayan raacin oo laga reebay markii la ogaaday in ayan ka tirsanayn wadaadada Itixadka. Waxa kale oo u ii sheegay in iyaga iyo dad badan oo kale USC Kismaayo ku qabsatay oo ay baabuur iyo ciidan ilaaliya kiraysteen oo Moqdisho dib ugu noqdeen. Wuxu ii raaciyay inay degeen gurigaygii African Village ee Xamar oo irridihii iyo daaqadihii lagala baxay. Waxa kale oo u ii sheegay in hooyo ay kursigii lagu siday ku rafaadday oo korkeedii nabarro noqday oo ay diiday inay safar denbe gasho. Wuxu kale oo ii raaciyay in hooyo iyo walashay u kaga tegay gurigii qalfofka aha oo u ku ballamiyay nin aan xidid ahayn oo ka soo jeeda beesha Gaaljecel. Waxa kale oo u ii sheegay in isaga iyo reerka intisii kale ay raaceen raxan baabuur ah oo u socotay waqooyi oo ay Ethiopia ka galeen Feerfeer, ka dibna ay u gudbeen Dollo oo reeruhu degganaay-een. Wuxu aad uga caloolxuma rafaadka ay mareen inta u dhaxaysa Muqdisho iyo Feerfeer oo laga furtay waxay siteen oo dhan. Waxa noogu darayd buu yiri mooryantii nagu baaratay inta u dhaxaysa Muqdisho iyo magaalada Beled-weyne. Bil ka dib, waxa la ii soo sheegay geerida hooyaday. Calolxumo by ahayd inan fursad u waayo inaan hooyo aaso!

Cutubka 7 aad

Faransiis Weli ma Guurin

Iyada oo qorshahayagu ahaa in aan u gudubno Jibuuti, muddo dheer bay nugu qaadatay helista doon aan raacno. Dhowr arrimood baa sabab u ahaa gaadiid la'aanta badda. Marka hore, Jibuuti ma oggolayn doonyo dad sida oo Somaaliya ka yimi oo soo gala dalkeeda. Marka labaad, waxay ahayd xilligii badxirenka oo gadiidka baddu ma badnayn. Mar kale, ma jirin cid danaynaysay inay u safraan Jibuuti, doonyuhuna kiro la'aan ma socon karin.

In badan markaan ku xannibnayn Boosaaso baa bisha May dhexdeeda 1991, goor ay fiid dambe tahay Cabdi Guulwade noo sheegay inaan diyaargarowno. Muddo kadib oo arlligu gudcur dam ah yahay buu noo yimi oo noo kaxeeyay dhina xeebta oo aan ka fogayn hoteelka aan deggna. Markan xeebta gaarnay, bay carruurtii ku saseen mawjadaha badda ee xeebta garaacaya, iyo dhiiqada iyo qashinka qabow ee xeebta toonsan ee ay cagaha la galeen. Xaaskii iyo carruurtii baa isku daray cabasho iyo oohin baqdini ka keentay. Markan in yar soconay baan aragnay qabaal wax dad u eg ka dul maluuganyahay. Ninkii qabaalka ka dul muuqday baa soo degay oo carruurtii la boody oo qabalkii saaray aniga iyo xaskiina intaan Cabdi macasalaamenay baan carruurtii ka daba tagnay oo annaga oo dhiiqadii dhex shibaaxayna qabalkii fuulay. Carruurtii oo aan oohintii joojin iyo xaaskii oo duryamaysa baa qabalkii dhaqaaqay. In yar ka dib waxan u tagnay doon yar oo aan wax badan dhaamin qabaalkan xeeta ka soo raacnay.

Doontu ilaa girgirka waxa ku rarna beeyo oo markan fuu-layba urteedu nasaaqay. Waxa nala fariisiyay rarka korkiisa, waxana la moodayay inan dulsaarannahay darmo biyaha dul sabbaynaysa oo marka doontu dhinac u liicdaba gacmaha dadka girgirka fadhiya biyaha badda bey taabanayeen. Dad badan oo dkale ma saarayn oo lama oggolayn inay rakaab qaado ee Cabdi oo madax ka aha ciidamada guulwadayaasha oo ciidankisu xeebaha ilaasho baa laga xishoday. Waxa aan nasiib ku lahayn badda oo fadhiday oo aan mawjado lahayn ee haddii ay kacsanaan lahayd waxa laga yaaba inaan biyaha hoos u mari lahayn!

Markay doontii dhaqaaqday ee aan in yar soconnay, waxa naga qarsoomay iftinkii magaalada oo waxay noqotay gudcur dam ah. Waxa dhegaha na awday motarka doonta oo u guux-ayay sidii onkodka roob mahiigan ah. Markiiba waxa na qariyay dambas rad ah oo dabayshu ka soo daadinaysay dhu-unta mootarka oo naga saraysay. Carruurtii baan maryo ku dadnay oo nabaadino xir akhrisanay.

Ragga doonta watay waxa la arkayay markay tuurayan maqlaha (dabinka) kaluunka oo ka lushay doonta dabadeeda. Marka kaluun la soo qabto, waxay karinayeen bariis iyo kalluun ay khamuun badan ku dareen oo aad u macaan. Had-dii carruurta kaadi qabato waxay laalaadinayeen doonta dabadeeda.

Waxaan is nabnaba, markii waagu dillaacay baan indhaha ku kala qaadnay bad fadhida oo aan dacaladeeda araggu gaarayn. Dhinac walba waxa ka muuqday maraakiib waaweyn oo badda qaarba dhinac u jibaaxayeen. Waxa naga yaabiyay shinbiro badan oo badda dul hehaabayay oo aan garanwaynay meeshay ku nastaan iyo siday kaluunka u qabtaan ama u cunaan.

Habeen iyo maalin inteeda hore markaan soconay, bey galab dheer noo muuqatay dekedda Jibuuti . Intii annaan dekedda gaarin, waxa dheegga na soo saaray dooni dheeraysa oo ay saaranyihin rag surwaallo gaagaaban iyo shaarar gac-mogaab ah oo cadacad xiran. Wey caddayd inay yihiin ci-idamada badda ee Jibuuti. Dhawr ka mid ah baa doontayada ku soo booday oo sidaan nahay joonyado kolba dhinac nooga tallaabsaday. Markay rarkii doonta bareen bay nagu soo jes-teen oo su'aalo aan macno badan lahayn nagu boobeoo cada-caden, "Maxaad tihiin?

Xagge katimadeen?

Maxaad Jibuuti ka soo doonteen?"

Waxaan galabtaas xasuustay waxyabo aan buugta ka akhriyay oo ka hadlayay dhaqanka gumaysiga Faransiska oo ah in Faransiku ka dhaqan duwana gumaysiga Ingriiska. Faransiisku wuxu amminsanyahay siyaasadda dhaqan gad-diska (asimilation) oo oranaysa qofku waxa u qofka Faransi-iska la sinaankara marku afka Faransiiska ugu hadlo sidii qof u dhashay, una dhaqmo sidii qof Faransiis ah. Falsafaddaas waxa ku sifoobay madax badan oo Afrikan u ka mid ahay mudane Leopold S. Senghor oo noqday madaxweynaha dalka Senegal. Madaxweyne Senghor wuxu afka Faransiiska ugu hadli jiray sidii dhalad Faransiis ah.

Askarta doonta soo fuushay ee nabaaraysay waxad moo-daysay inay yihiin rag Faransiis ah oo duub madow. Waxa ay tusaale fiican u ahayeen kuwa u qoraaga Frantz Fanon ku tilmaamay buuggiisa. Askartaas kama muuqan wax lagu tilmaamo dhaqan Afrikan ama qof madow, marka laga reebo af Somaaliga ay nagu waraysanayeen. Iyagu waxa ay ku wadahadlayeen afka Faransiska.

Markaan soo galay dekedda, waxa noo muqday doonyo yaryar oo badan oo dul bannaan oo ay saarnaayeen kartoonno ay ku qorantahay John Walker oo mar danbe na loo shegay in ay yihiin khamri la gaynayo Yeman. Waxa kale oo dekedda hoganayay maraakiib waweyn oo badan oo naloo sheegay inay rar u sidaan dalka Itoobiya.

Markii aannu doonta ka soo degnay waxa naloo leexiyay xafiis ku yaal dhisme aad u gaboobay oo aan muddo dayactir helin. Waxa ka horjeeday dhul ballaaran oo alaab badan ku toonsantahay, wax dhir sheegtana arlada kama muuqan. Xafi-iska waxaan ugu tagnay nin daal badan ka muqdo oo aan qad-darin iyo naxariis midna noo muujin. Rafaadka naga muuqday dareenkiisa ma taaban. Wey caddayd inu raacayay tilmaamaha ku qoran warqad hor tiil. Aniga oo reerka u horeeyay baa is hor taagay. Intaanan salaamin buu dudubiyay su'aalo la hubay inu dad badan oo hore u weyddiiyay.

"Xaggee ka timadeen?"

"Bosaso," baan iri.

"Maxad u socoteen?"

"Booqasho gaaban," baan ku ceshay.

"Baasaboorada keena!"

Waxaan u dhiibay lix basaboor oo aan ku soo farsamaynay magaalada Boosaaso oo ay caddayd inayan ka soo bixin xafiis dawlo. Marku muddo rogrogay buu noo sheegay inaan u baa-hannahay dammiin si aan magaalada u galo. Waa la hubay in nala xirayo oo nalagu celinayo Boosaaso haddii la waayo cid na dammiinata. Wey caddayd in dawladda Jibuuti ayan go'aan ka gaarin waxay ka yeelayso qaxootiga Somaaliya ka soo yaacaya markay dalkeeda soo galaan.

Dhaqanka naxariista ka oomman ee ninka baan aad u dhib-saday. Waxaan xasuustay xalggankii dadka Somaaliyed u galay gobonnimo garsiinta dalka Jibuuti. Waxa aan filayay in dadka reer Jibuuti, gaar ahaan dawladu ay la socdaan dhibaatada ku habsatay Somaaliya. Soodhaweyn iyo taakulo badan baad ka helaysaan Jibuuti baan is laha. Haddana waxan isku qanciyay in ninka na qaabbilay usan dadka reer Jibuuti oo dhan matalin oo aanan go'aan qabyo ah qadan.

Waxan u sheegay dad tol ah oo magalada jooga magacyadooda iyo telefoonka laga helayo. Gaar ahan waxan u sheegay in u waco gabadh aan abti u ahay oo ka shaqaysa Safaaradda Somaalida ee Jibuuti oo la yirahdo. Qol kulul oo markiiba carruurtii harraad la dhanqalantay baa nalagu shubay. Goor ay fiid tahay bay noo timi gabadhii aan abtiga u aha, iyada oo wadda cabbitaan iyo cunnoyin fudud.

Aad bey uga murugootay diifta naga muqata oo indhaheeda ilmo ka soo qubatay. Waxay kolba mid laabta gelisay carruurtii, iyada oo u sheegaysa in wax waliba hagaagidoonaan. Markii aan cabbitankii iyo cuntadii ka soo jeesanay oo aan nasanay bay naga kaxaysay qolkii kulula oo na gaysay gurigeeda. Waxa mar kale naloo kenay cabbitaan iyo cuntooyin aan carruurtu muddo dheer arag oo ay ka harqatay. Iyaga oo indhahooda farxadi ka muqato bey qosol aan muddo laga maqal isku dareen. Waxa noo bilowday qorshaynta mustaqbbilka reerka oo aan sawir fiican laga hayn.

Maalintii aan Jibuuti qaxa ku tagnay laga bilaabo, waxan dadka tolka iyo qaraabada ee Jibuuti ku nool kala kulanay soodhaweyn aan kala go' lahayn iyo nasasho aan u bahnayn. Diihaalkii qaxa iyo nafaqo xumadii muddada dheer na bariisatay baa na daysay. Dadku waxay si isdabajoog ah noo fidiyeen martiqaad gacalo ku dheehantay.

Malmihii hore wax na sooray dadkaan isku qabiilka iyo qaraabada ahayn, ka dibna waxa maalinba maalinta ka dambaysa na martiqaadayay saaxiibada dadka aan tolka nahay. Dadku waxay la yaabanaayeen sheekooyinka halaagga ah ee ka dhacay Somaaliya iyo sababta keentay in Somaalidu is gumaaddo! Jawaabtu waxay u badnayd, "In rag kursidoon ah ka danbeyeen hoogga ka dhacay Somaaliya!"

Soodhaweynta qiimaha badan ee naloo fidiyay waxay i xasuusisay dadaalkii muddada dheer qaatay ee dadka Somaaliyed ay geliyeen gobanimo garsiintii dalka Jibuuti. Faransisku dhibyari kuma dhiibin madax banaanida dalka Jibuuti ee waxa loo maray dagaal adag oo lala galay. Ugu dambayntii waxa lagu khasbay bixinta xoriyadda Jibuuti July 27, 1977.

Halgganka xoriyada Jibuuti lagu dhaliyay waxa ka qayb qaatay dadka Somaaliyeed iyo dawladihii kala dambeeyay ee Somaaliya. Xusid waxa mudan kaalintii wacyi gelinta ee ay ka qaadatay warbaahinta Somaaliyed, gaar ahaan Radio Muqdisho iyo Radio Hargeysa. Baahinta codadka halgganka gobonimodoonka ee dadka reer Jibuuti waxay ahayd mid joogto ah oo aan marna laga nasan. Waxaan la illoowikarin suugaantii faraha badnayd ee ka soo burqan jirtay abwaanada Somaaliyeed oo markii dambe ka mid noqotay silsiladda isku xiraysa Jibuuti iyo Somaaliya.

Dadka Somaaliyed ee ku soo qaxay Jibuuti ma yarayn, marka eego baaxadda magaalada Jibuuti ee kooban. Dadka reer Jibuuti oo ah dad ilbaxnimo guuna leh, Somaalidii Jibuuti qaxa ku soo galay oo qabiil walba laha, si fiican bey u qaabbieen. Waxay ahayd soodhaweyn loo simanyahay oo aan lahayn kala sooc iyo kala soocid qabiil. Iyada oo ay sidaas tahay, haddana waxa dadkii Somaaliyeed ee qaxayay intooda badan Jibuuti ka leexiyay dalalka Itobiya iyo Keniya.

Dalka Jibuuti, qarniyadii hore waxa u ka mid ahaa dhulkii

loo yaqaannay TaNetjeru (Dhulkii Ilaahyada) oo ka mid aha dhulka Geeska Afrika ee ballaaran ee la isku yiraahdo Punt (Dhulka Uduga). Maqalkii ugu horeyay ee magaca Jibuuti waxay ahayd qarnigii 25aad, dhalashadii Nebi Ciise ka hor. Qaybsigii qaaradda Afrika ee reer Yurub ee 1884, waxa Jibuuti qayb u helay Faransiiska oo kadib magacyo kala danbeeyay u bixiyay dalka Jibuuti. Magacyadaas waxa ka mid ah, French Somaliland (1896–1967), iyo French Territory of the Afars and Issas (1967–77). Intaas ka dib 27, 1977, markii Jibuuti Farnsiiska ka xorowday waxay la baxday Djibouti oo ah magac ay caasimada iyo dalku wadaagaan. Jibuuti waxa ku nool qaruumo ay ugu badanyihiin Somaalida iyo Canfarta.

Marka dib loo raaco joogitaanka Faransiiska, 1830 buu degay dhinaca waqooyi ee dalka oo ah dhinaca Cafartu u badnayd. Muddo ka dib waxa u qabsaday konfurta oo Somaalidu u badnnayd, wuxuna u bixiya dhulka Somaalida ee Faransiiska, taas oo laga fahmayo in Somaalidu waqtigaas gacanta ku haysay awoodda dhulkaas, Faransiiskuna heshiis la saxeexday oo la gole tegay shirkii Bariis ee 1884 ee Yurub Afrika ku qaybsatay.

Qiyaastii 1930, mgaalada Jibuuti waxa ka bilowday dhaqdhaqaaq gumaysidiid ah oo ku fiday dalka intiisa kale, waxana abuurmay xisbiyo u halggamayay sidii Faransiiska looga xoroobi laha. Kacdonkaas waxaa hoggaaminayay geesigii Maxamuud Xarbi oo maanta loo yaqaanno halyayga Jamhuuriyadda Jabbuuti. Halggankaas oo dheera oo dhiig badan ku daatay kadib July 27, 1977, Jibuuti waxay heshay xoriyad. Itobiya oo doonaysay inay qabsato Jibuuti marka Faransiisku ka baxo, waxa ka difaacay Somaaliya iyo 2000 oo askari oo Faransis ah oo Jibuuti degganayd. Waxa madaxweynihii ugu horeyay ee Jibuuti noqday mudane Xasan Guuleed Abtidoon oo maanta loo yaqaan abbihii ummada Jibuuti, wasiirka kowaadna waxa loo magacaabay Axmed Diini Axmed. Waxa kale oo la abuuray barlamaan ka kooban 61 kursi. Maanta Jibuuti siyaasadda Afrika iyo adduunka waxay ku leedahay misaan waxana deggan ururka Igad.

Jibuuti waa dalka seddexaad ee ugu yarAfrika. Waxa ku yaal balliga caanka ah ee Casal oo ah balliga ugu cusbada badan adduunka. Waa dal u badan lama degaan oo aad u kulul. Dadka reer Jibuuti waa ka yaryihin hal milyuun oo qof, intooda badana waxay ku noolyihin magalaada Jibuuti. Dalku waxa u caan ku yahay gacanka loo yaqaan Tadjoura oo lagu naanayso Luulka Badda Cas oo maraan marakiib badan oo ka dhiga mashquul. Jibuuti waa dal aad muhiim u ah oo dawladaha waaweyn ee adduunku ku tartaman oo saldhigyo ka dhistaan.

Dadka Jibuuti ku nool waxa ugu badan labada qabiil ee kala ah Somaalida, gaar ahaan qabiilka Ciisaha iyo qabiilka Cafarta. Labadaas qabiil oo ay Ciisuhu ku badanyihiin mag-aalada Jibuuti baa dalka ka taliya. Labada qabiil waxay ku hadlaan af Somaaliga iyo afka Cafarta. Gaar ahaan magaal-ada Jibuuti waxa ku badan qabiilka Ciisaha, oo lagu qiyaaso inay yihiin boqolkiiba 70%. Waxa la sheega in awooda dawlada ay haystaan qabiilka Ciisuhu.

Magaalada Jibuuti oo la magac ah dalka uguna weyn, waxay u qaybsanta laba dhinac oo kala ah guudka ama oogada iyo hoosta. Dadka magaaladu waxay u qaybsanyihiin laba dabaqadood oo ku kala nool labada qaybood ee magaalda. Waa dabaqad ku nool oogada oo la dhaqan ah reer Yurub, gaar ahaan Faransiiska oo dalka guumaystay iyo dabaqad hoose oo xoogsato ah oo ku nool qaybta hoose ee magaalda. Guryaha dabaqadda sare waxay u egyihiin kuwa magaalada

Bariis ee dalka Faransiiska, waxayse dheeryihiin shaqaale badan oo Itobiyaan ah. Qof kasta oo reer Jibuuti ah wuxu yaqaan bulshada halka u kaga jiro, wax hinaase ah ama nacayb ahna ma muujiyo. Waxa iyaguna nolosha magaalada raad muuqda ku leh ajnabiga oo u badan ciidammda fadhiisimaha iyo soogalotiga Itobiya.

Nolosha magaalada ee labada dabaqadood waxay si fiican u muuqata marka gabbalku dhaco. Qaybta oogada ee dadka ladan iyo ajnabigu ku noolyihiin, habeenkii waxay isu beddesha meel waagu u beryay. Meheradahu waxay shidaan nalal kala midab ah oo iftiin badan, waxana kordha dhaqdhaqaaqa dadka. Caweyso iyo makhaayado casri ah oo laga cunteeyo iyo kuwo lagu bashaalo baa irridaha loo fura. Dumar quruxdoda xayaysiinaya oo laabta iyo kubabka muujinaya oo Itobiyaan u badan baa jidadka, makhaayadaha, iyo caweysyada cammira.

Dadka magaalada ee dabaqaddá hoose oo badankoodu ku nool xaafada Balbala, marka gabbalku dhaco bay kala hoydaan oo cadceedda bay la god galaan. Waa dad badankoodu aroortii u kallaha xoogsi oo habeenkii doonaya inay ka nastaan rafaadkii maalintii tagtay. Dad aan badnayn oo guryo fiican ku leh Balbala oo isu arka inay ducaysanyihiin oo marmar daaradooda ku caweeya wey jiraan. Hase ahaate, inta badan, dadka xaafadda hoose ku nool, marka laga reebo inta leh hoy ay foodda geshaan, inta soo hartay waxay u hurdo tagaan xeebta oo habenkii laga helo neecaw qabow.

Waxa dadka reer Jibuuti ay leyihiin dhaqan dhif iyo naadir ah oo dalalka ay jaarka yihiin ee Somaaliya, Itoobiya, iyo Eretriya aan lagu arag. Waa dad aad u naxariis badan oo jecel inay caawiyaan dadka faqiirka ah, dadka baahan iyo dadka buka. Waxa jira reero badan oo sabool ah oo sannado badan deggan duleedka guryo reero leyihiin oo carruur badan ku dhalay hooska guryahaas. Dadkaas oo badankoodu ka soo haajiray dalka Itoobiya iyo dalal kale oo Galbeedka Afrika ku yaal oo dawarsi u yimi Jibuuti, lama kulmaan wax nacayb ama takoor ah. Waxase la ii sheegay in dadkaas dawladda Jibuuti marmar ku celiso dalalkooda, dadweynaha reer Jibuutina oo aan codsan in la celiyo, marka la raafayo isma hortaagaan.

Jibuuti markan imi 1991, waxa madaxweyne ka ahaa mudane Xasan Guuled Abtidoon, siyaasada dalka lagu maamulaana waxay ahayd tii gumaysiga Faransisku dejiyay oo ay la wadaagaan dalalka uu gumaysan jiray ee loogu yeero Farankofon (Francophone) oo u badan dalalka Galbeedka Afrika. Shaqada dawladda waxa loo gala imtixaan, qof kasta oo shaqaalaha dadwladda ka tirsanina waxa u aqoon u leeyahay mihnada u hayo. Dawladda waxa u shaqayn kara dadka reer Jibuuti oo keli ah, dadka intiisa kale waa marti. Jibuuti ma aha sida Somaaliya oo dadka udhashay shanta Somaaliya ay u simanyihiin khayraadka iyo fursadaha shaqada ee dalka. Mushaharka shaqaalaha Jibuuti waa mid sarreeya oo abuuray dabaqad dhaqaale oo la hiigsado.

Amnniga magaaladu waxa u muuqday mid laysku halayn karo oo qorshaysan. Askar badan ka ma muuqan jidadka, dadkuna dareen la'aan bay danahooda u raacanayeen. In badan oo dadweynaha ka mid ahi waxa lagu arkayay makhaayadaha xeebaha oo aan buuq badan ka jirin. Waxase la ii sheegay in xaafadda Balbala ka duwantahay magaalada inteeda kale, marka laga eego dhinacyada nolosha iyo amniga hase ahate, fursad u ma helin in aan soo booqdo.

Nolosha magaaladu waa mid debecsan. Gelinka hore waxa loo badanyahay suuqa qaadka iyo qudaarta Itobiya ka timaadda, galabtiina ragga intiisa badani waxay u fariistaan barje (qayilaad) la isku dhaafsado kaftan iyo shekooyin, fiid-kiina jidadka waaweyn hareerahooda waxa buuxiya makhaayado guurguuraya oo cunto (street food) oo iibinaya cashooyin fudud oo heer sare ah. Meelaha qaarkood, dumar da' ah baa guryaha hortooda u soo baxa oo ku cammirta gaaye (badeecad).

Waxa muuqatay oo ammaan mudan qaabka dawladdu u maareysay maciishadda dabaqada hoose ee dadweynaha oo aad moodaysay inay ka duwantahay tan dalalka Geeska Afrika. Waxa caddayd in dawladdu xil iska saartay nolosha dadka saboolka ah ee bulshada oo aan u malaynayo inay de-jisay qorshe qiimaha maciishadda xakamaynaya oo ay kabto. Waxa si baahsan magaalada loogu iibiya afar cunto oo aad u jaban oo dadweynaha daruuri u ah, kuwaas oo kala ah: timir, rooti, kalluun, iyo jabbaati (sabaayad). Suurtal ma aha in cun-tooyinkaas si baahsan oo jaban loo helo haddii aan dawladdu gacanta ku hayn oo kabayn, isla markaana suuq gayntooda dabagal ku samaynay oo xakamaynay.

Somaaliya markay gashay xaalad dagaal oo aad u fool xun baa dadkii kala irdhoobay oo u qaxay tuulo walaba oo dalka ka tirsan iyo dalka debediisa oo ka raadshay nolol iyo nabadgelyo. Waxa lumay dhaqankii oo waxa la galay xilli inta badan aan qofna qof badbaadinayn. Waxa kale oo laga baqayay in dadka Soomaaliyeed kala irdhoobo iyo in SNM Waqooyiga ka jarto Somaaliya inteeda kale. Waxa abuurmay welwel ah in Somaaliya ay u qaybsamayso dawlado yaryar oo la waayo jamhuuriyadii Somaaliya ee u halggamaysay So-maaliweyn ka kooban shantaii Isticmaarku u qaybiyay.

Maalmahaas oo ahayd bishii April 1991, magaalada Jibuuti, gaar ahaan hoteelka weyn ee Sheraton waxa ka socday shir lagu doonayay in lagu heshisiiyo kooxaha Somaalida ee dalka ku dagaalamayay. Martigelinta shirka waxa laha baa laygu yiri dawladda Jibbuuti, hase ahaate waxa kale oo la sheegayay in dawlado waaweyn oo kale gadaal ka riixayeen. Shirka waxa ka soo qayb galay beelihii colaaddu dhextiil ee dagaallamay.

Ergooyinka shirka ka soo qaybgalay waxa ugu miisaan weyna rag ka socday kooxda Menefesto oo qarkood u doo-dayay beesha Daarood iyo rag si dadbban u matalayay ururka USC. Kulanku waxa u aha kii ugu horreeyay ee Somaalida loo qabto, ka dib dagaalkii bilowday Janwari 1991 ee jaalle Maxamed Siyad Bare lagu riday. Wuxu aha shir lagu raadi-nayay dib u yagleelida dawlad Somaaliyed oo dalka ka saarta marxaladda halista ah ee u ku suganaa, suurtagalna ka dhigta in nabad la helo.

Dhinac kale marka la eego, dadka ka soo qaybgalay shirka waxay sheeganayeen ururo aan badankooda la aqoonsanayn oo u badnaa beesha Hawiye. Muran iyo doodo badan oo muddo ka dhex socday shirka ka dib, waxa laysku raacay in mudane Cali Mahdi Maxamed u noqdo madaxweynaha kumeelgaarka ah Somaaliya. Hase ahaate, waxa markiiba soo yeertay diidmada mudane Maxamed Faarax Ceyddiid. Waxa kale oo shirka ku gacansayray mudane Maxamed Xaaji Ibraahin Cigaal oo hoteelka deggana, aanse miiska shirka soo fariisan. Sida la sheegay, Cigaal waxa u ku dooday inaan dad-kiisu diyaar u ahayn ka mid noqoshda dawladda Somaaliya ee la abaabulayo.

Isla maalmahaas waxa shirka laysla dhexmarayay in jab-hadda SNM doonayo inay Gobolada Waqooyi ka goyso dalka

---

[2]Buuga Periplus ee Badda Erythraean, sido kale loo yaqaan Thalássryēs iyo Periplus Maris Erythraei oo ku qoran afka Giriigga wuxu qeexaya bad marka iyo ganacsiga.

intiisa kale. Waxa Daroodka oo ay matilayeen odayaal uu hog-gaaminayay mudane Cabdirisaaq Xaaji Xuseen codkooda si-iyeen Mudane Cali Mahdi. Waxa la sheegayay in kornayl Cabdillaahi Yusuf oo joogay Gobolada Bari (Puntland) u dii-day ka qaybgalka shirka ee Daaroodka.

Shirka oo aan dhowr cisho tegay, dadka wax ka dhex muuqday dad badan oo aan ka duwanayn qaxooti raashin sug-aya. Marka la gaaro saacadaha cuntada, waxa laysku jiirayay sidii rasaas laga cararayo oo miiska cuntada la kala boobayay. Dadkaasi waxay u badnaayeen dad magaalada hore u joogay oo aan u iman shirka oo waxay tusaale fiican u ahayeen boobka iyo dhaca ka socday Somaaliya

Hoyga Gumaysiga

Intaan joognay magaalada Jibuuti waxaan ku hawlanaa sidan ugu gudbilahayn meel aan carruurta nolol iyo waxbarasho uga heli karo. Inkasta oo rajadaydu ahayd inaan dalalka Reer Galbeedka tago, haddana safaaradaha Jibuuti degganaa ee Reer Galbeedku suurtogal ma ahayn in lala xiriiro oo magangelyo ama dal ku gal la weydiisto. Dhinaca kale safaaradaha Reer Galbeedka ee Jubuuti degganaa Soomaali ma qaabbilayn manalahayn barnaamij loogu talgalay qaxootigii faraha badna ee Jibuuti soo galayay ee u badna kuwii ka imanayay Somaaliya iyo Itobiya. Waxaan ku tashaday inaan u gudbo dalka Masaar oo aan nasiibkayaga halkaas ka baaro. Dadka qoyskayga ee dalalka debeda ku nool go'aankayga tegista Masaar waa igu raaceen, waxayna noogu deqeen dhaqaalahan ku tegilahayn Qaahira. Waxay kale oo ay noo ballan qaadeen inay na caawinayaan intaan helayno nolol rasmi ah oo aan tegayno Yurub ama Amerika.

Dalka Masar waxaan la laha xiriir fiican oo muddo dheer soo jiray. Intaan agasimaha telefishinka Somaaliya lay magacaabin 1987, waxan soo noqday agasimaha Raadiyo Mogadisho oo aan hayay muddo gaaban. Waqtigaas waxay Wasaaradda Warfaafinta ee dalka Masar ii fidisay casuumad bil ah oo aan xaskayga Qaahira ku soo daaweeyay. Intii aan Masar joognay waxa naloo fidiyay dalxiis ballaaran oo nalagu geeyay goobo dalxiis oo ay ka mid ahayeen Aswaan iyo

Abusambal oo aan soo daawanay xabaalaha Faraciinta (Valley of Kings and Valley of Queens).

Intaan booqashada ku jiray waxan la kulmay wasiirka warfaafinta ee Masar, Mudane Maxamed Safwat El-Shariif oo ahaa nin awood badan dawladda Masar ku leh. Kulanka aniga iyo wasiirka waxa laga baahiyay telefiinshika iyo idaacadda Masar, waxana lagu qoray wargaysyada dawlada ee Masar ka soo baxa. Waxa u aha booqasho macno weyn samaynayay marka laga eego baahida aan u qabnay inaan helo taaeero dhinacyada qalabka iyo tababarada warfaafinta Somaaliya

Xiriirka aan la laha dalka Masar waxa u sii xoogaystay markaan noqday Agaasima Telefiishinka Somaaliya (Director of Somali National Television). Intan Telefishinka hayay waxay dawladda Masar nagu caawisay khubaro ka tirsan Telefishinka Qaranka dalka Masar. Khubaradaas waxa ugu muhiimsana aqonyahano naga caawiyay sawir qaadista, diyaarinta barnaamijyada iyo khabiir la oran jiray Mustafa Kaamil (Eebbe ha u naxariisto) oo ahaa aqoonyahan weyn oo ku takhasusay soo saarka wararka iyo barnaamijyada. Waxa kale oo xiriir fiican naga dhexeeyay safaaradda dalka Masar ee Somaaliya, gaar ahaan sarkaal u qabbilsana arrimaha ciidamada oo aad u xiisaynayay siyaasada Somaaliya oo la oran jiray jeneraal Showqi.

Intii aanan u gudbbin magaalada Qaahira ee dalka Masar, waxaan dhibaato kala kulmay safaaradda Masar ee Jibuuti fadhiday oo fiisada aad noo warwareejisay. Marka loo eego dhibaatadii waqtigaas ka socotay Somaaliya iyo kacdoonkii Itoobiya ee lagu ridayay Mengistu Xale Mariyam, safaaradu wey ku qummanayd bay ilatahay inay kala hufto dadka ka soo yaacayay dalalka Somaaliya iyo Itobiya oo noocwalba laha. Hase ahaate, waxa ka badbadis ahayd lacag xaddhaaf ah oo ay safaaraddu naga dalbatay si ay noo siiso fiiso. Lacagtay rabeen markaan soo ururinay, waxay haddana nagu xujaysay inaan banka Jibuuti soo mariyo lacagta, taas oo nafteedu dhibaato ahayd. Ugu dambayntii, laalaab badan kadib waxan helay fiisadii, hase ahaate ma jirin dayaarad toos u tagta Qaahira. Waxa kaliya ee noo bannaanayd waxay noqotay inaan nafta ku biimayno hoyga colaadda ee Itoobiya iyo Adhis Ababa oo waqtigaas u ka socotay isbedelkii ay jabhadda TPLF kula waregaysay talada dalka Itobiya bishii May 1991. Waxa khasab nagu noqotay inaan tigidhada dayaarada masaarida ee aan Adhis Ababa ka raacayno aan ka gooasano xafiiska dayaarada ee Jibuuti. Intii anaan ka dhoofin Jibuuti, waxaan la xiriiray saaxiibaday Masaaridda ee reer Qaahira oo ay ugu horeyeen Mustafa Kaamil iyo jeneraal Showqi oo aan ka codsaday inay guri ii kireyaan. Maalmo ka dib waxay igu wargeliyeen in naloo kireeyay guri ku yaal wabiga Niil qarki-isa oo ku dhow barxadda caanka ah ee MedaanTaxriir.

Safarka Itoobiya naftiisu waxa u noqday mid aan dhib-yarayn. Waxa aan caddayn qaabka loo tegikaro Itoobiya ee looga bixikaro Jibuuti. Waxay noqotay in qaabka qura ee aan Adhis Ababa ugu gudbikaro u yahay annaga oo raacna tareenka dhibta badan ee Jibuuti ka baxa oo Diridhabe siimara kadibna Addis Ababa taga.

Malmahaas waxa si rasmi ah talada dalka Itobiya ula wa-reegay jabhadda TPLF oo '*digdigtooda*' laga dareemay dalalka Geeska Afrika ee Jibuuti, Kenya iyo Somaaliya. Dayaaradaha dagaalka ee ciidamada cirka ee Itobiya oo soo fakad ah baa si aan xiriir ah ugu soo degayay garoonka da-yaradaha ee magaalada Jibuuti. Waxa la sheegayay oo kale in Madaxweynihii Itoobiya Mengistu Xayle Mariyam u baxsa-day dalka Zimbabwe. Duuliyayaasha dayaaradaha waxay sheegayeen in *'dayaaraduhu yihiin hanti Itoobiya.''* oo in la celiyo ay rabaan. Waxay ahayd arrin dadk qiiro ku abuurtay marka la grab dhigo ciidamada Somaaliyeed ee beelahooda ku kala biiray.

Waxaan u diyaar noqonay inaan raacno tareenka. Jidka tareenku waxa u aha mid aad u dhib badan. Dhererka khadka tareenka Jibuuti illaa Adhis Ababa waa 560 Km. Bishii May 29, 1991 baan ka baxnay Jibuuti oo tareenka raacnay. Waxay ahayd arrinka qura ee u bannaan inay ku socdaalaan dadku inta u dhaxaysa Jibuuti iyo Adhis Ababa. Waxa fiid galay ma-gaalada Diridabe oo aan u hoyany xarunta tareenka subaxdi-ina ka raacnay tareenka na geeyay magaalada Adhis Ababa.

Wuxu ahaa safar qiyaame ah oo lagu hafanayay kulaylka inta u dhaxaysa Jibuuti iyo Diridhabe. Waxan la mid ahayn dad ku dul fadhiya daawaha injeerada lagu dubo. Diridhabe markan ka baxnay ee aan mudo dhinaca Adhis Ababaa u xawaarenay baan galay jawi aan la gubanayn.

Kulaylka waxa ka darnaa rakaabka sarnaa tareenka oo toban jibaar ka badnaa intii loogu talogalay inu qaado. Rakaabku waxay u badnayeen ganacsato kontoroban oo haween ah. Ganacsatadu meel qura kuma nagaanayn ee kolba baabuurta tareenka ee taxan dhinac bey u cararayen iyaga oo u kala gudbaya qolalka xiriirsan ee tareenka. Waxay baqdin weyn ka qabeen oo ka dhuumanayeen ciidamada cashuuraha ee tareenka baarayay. Waxa badnayd riixriixa iyo isjiirka oo aan lahayn taxadar iyo qadarin midna. Tareenka waxa la soo saarayay wax kasta oo dadku wateen oo ay ku jireen adhigu. Wuxu tareenku ku hakanayay tuulooyin badan oo dadkoodu iibinayay qudaar iyo cunto oo tareenka soo fuulayey ama daaqadaha madaxa ka soo ridayay oo dumar u badnaa. Intaba waxa ka daraa tuugada kolba dhinac u ordaysa oo wixii dagan dafayay oo tareenka ka boodayay.

Wuxu tareenku gurguurtaba fiid danbe baan gaaray hoygii colaadda ee Adhis Ababa oo sidii loo degay qarniyo ka hor aan dagaal ka nasan. Waxa noo yimi qaraabo aan ballansanay oo soo kaxaystay baabuur kiro ah. Waxay noo sheegeen inkasta oo kirada baabuurku qaali tahay, haddana inaan carruunta lala raaci karin basaska magaalada oo dadku isdul fuulaan.

Jidkaan ku soconay, meel walba waxa taagnaa ciidamo digtoon oo sida naloo sheegay ilaalinayay nabadgelyada iyo xafiisyada dawlada. Waxan maray waddada weyn ee Jarjil Godhana (Churchil Street) oo loogu magac daray wasiirkii kowaad ee Ingriiska Winston Jarjil ee 1942 Itoobiya ka xoreeyay Talyaanga.Waxan arkaynay dhismaha jidka ku teedsan oo ay hortaagnyihiin ciidamada jabhadda dalka la wareegtay ee TPLF. Guriga reerka ee aan tagnay, wadooyinka ku dhowdhow xitaa waxa hor tubnaa ciidamo hubaysan. Waxa kale oo naloo sheegay in ciidamada jabhadda TPLF ay ilaalinayaan goobkasta oo muhiim ah oo dalka Itoobiya kutaal.

Intaan ka helayno dayaarada Masar tegaysa waxaan kiraysanay qol ku yaal qaybta adeega ee guri weyn oo ay ku noolyihiin reer ladan. Inkasta oo reerka na soo dhaweeyay ay rabeen inaan gurigooda la degganaanno intaan ka dhoofayno, waan ka diidnay annaga oo uga tudhayna culayskayaga iyo tabartooda oo aan na qaadikarin.

Magaalada Adhis Ababa waa magaaladaan ku koray oo aan dugsiga hose iyo sare kaga baxay. Waxa kale oo i caawinayay aniga oo si fiican u aqaan afafka lagaga hadlo Itobiya qaar ka mid ah, gaar ahaan afka Amxaariga iyo afka Oromada. Inkasta oo aan magalada ka tegay 1970kii, ayna tahay magaalo aad u kortay, haddana xaafadaha magaalada si fiican baan u aqaanay. Waxa ii fududayd inan dadka magaalada la sheekaysto oo aan wax ka ogaado waxyaabaha dalka ka dhacaya iyo waxyaabaha ku soo kordhay. Arrinka iigu yaabka badnaa ee dadku ii sheegeen waxa u ahaa in ciidamada TPLF ee nabadgelyada magaalada ilaalinaya uu mid waliba sito kiish salool ah iyo buraashad biyo ah oo raashin kale oo joogto ah aan la siin. Waxa kale oo la ii sheegay in askari waliba marku gaaro goob dawlo oo dawladdu u diray u dhulka iyo irridaha dhismaha dhunkado. Waxaan qirooday markaan xasuustay jabhadihii Somaalida ee Muqdisho naga qaxiyay ee wax walba sida ayaxa u diiranayay.

Magalada Addis Ababa waxay ku taal degaanka beesha Oromada oo ah konfurta degaanka Amxarada. Adhis Ababa waxay ahayd il biyo ka soo burqadaan oo la oranjiray Finfine. Sannadkii 1886 buu boqorkii Menelik II, ka soo guuray Buuraha Waqoyiga (Semen Mountains) ee degaanka Amxarada oo soo degay Finfine oo u bixiyay Addis Ababa (Cubaxii Cusba). Sannadkii 1892na waxay noqotay caasimadda Itobiya.

Magaaladu waxay u muuqatay goob aan muddo dheer nadaafad helin oo aan qashin laga qaadin, daaruhuna ayan dayactir helin oo aad moodaysay inay dumis diyaar u yihiin. Waxay soo martay magaaladu sannado badan oo maamulkii Shuuciga ee Mengistu Xayle Mariyam dalka xukumayay oo dadku hayin u noqdeen siday naftooda u badbaadin lahayeen. Sannado tobaneeyo ah dadka waxa ku raftay Ololihii Casaa (Qayi Shibir) ee arxanka daraa ee maamulkii Mangiste iyo dagaaladii JabhaddaTigrega oo ahaa marxalad mugdi ah oo Itobiya soo martay. Magaalada oo jidhaamo yaryar oo badan dhex maraan, meel walba waxa ka muuqday qashin, iyo baco lagu saxarooday oo indhaha iyo sankaba dhibaya. Waxa la ii sheegay in dadku inta badan baqdin darteed, gaar ahaan habeenkii ayan debeda u soo bixin.

Dalku waxa u leeyahay taariikh madow oo ka kooban dagaalo badan iyo xasuuq dad aan waxba galabsan oo boqolaal sano socotay oo ay gaysteen boqortooyo kala danbeyay. Waxa dalka ku nool dad ka badan 100 milyan oo u qaybsama in ka badan 70 beelood oo ay ugu badanyihiin Oromada, Amxaarada, Tigrega iyo Somaalidu. Beelaha dalka ku dhaqan qarkood waxay qaateen dhaqanka iyo afka beelaha inta badan dalka xukuntay ee Amxaarada iyo Tigrega.

Intii ka horaysay 1960kii dadka Somaaliyed kuma badnayn gobolka Adhis Ababa ku taal ee Oromada iyo Amxaaradu u badantahay. Sannadkii 1960, magalada Adhis Ababa qoysaska Somaalida ee magaca leh ee ku noola waxay ahayeen qoyska mudane Sayid Cabdikarim Sayid Moxamed iyo walaalkii mudane Cabdiraxman oo ah niman u dhalay Darwiishkii Sayid Moxamed Cabdulle Xasan, iyo wasiir ku xigeenka Wasaaradda Arrimaha gudaha ee Itobiya mudane Xaaji Farax Xayd Cali oo aha aderkay. Waxa kale oo jiray dhowr nin oo ciidamada Itobiya ka mid aha oo ay ugu weynaayeen Genaraal Calwan iyo Kornel Farax Gaas. Waxa weheliyay nin u dhalay Cumar Samatar oo la oran jiray Bashir Cumar Samatar.

Sannadkii 1961, Itobiya waxa ka dhacay inqilaab u hoggaaminayay General Mengistu Neway oo aha taliyaha ciidamada ilaalada Boqor Hayle Silaase oo u taageerayay walaalkii Girmame Neway iyo inaabtigii. Maalmahaas inqilaabku socday boqor Xayle wuxu booqasho ugu maqnaa dalka Maraykanka. Ciidamadii ilaalada boqorka ee inqilaabka sameyayna waxa ka horyimid ciidamadii xoogga dalka ee rigliga ah, waxana magaalad Adhis Ababa ka dhacay dagaal labada ciidan dhex maray oo afar cisho socday. General Mengistu Neway wuxu idaacadda qaranka ee Raadyo Adhis Ababa khasab ku geeyay dhaxal sugihii boqorka Mesfin oo u ku khasbay inu ku dhawaaqo inqilaabka iyo in dalka lagala wareegay aabihii Xayle Silaase oo u shacabka ka codsado inay taageraan inqilaabka. Intaas kadib waxa dagaalkii soo galay ciidamada cirka ee Itobiya oo diidana inqilaabka oo duqeeyay idaacada oo aamusiiyay fariintii Masfin.

Bilowgii inqilaabka wuxu General Mengistu Niway wuxu madaxdii dawlada iyo maalqabeenadii waaweyna ku ururiyay qol ka mid ah qasriga boqorka (maanta waa Jaamacadda Adhis Ababa) oo la yirahdo qolka cagaaran.Waxay halkaas ku xirnaayeen intii dagaalku socday oo maalmo ahayd. Mudadii ay qolkaas ku jireen, wuxu ku khasbay inay cunaan hanbooyin laga soo ururiyay qashinka magalada, isaga oo u sheegaya inay dhadhamiyaan waxay ku noolyihiin shacabka Itoobiya ee ay dhiigooda miirataan.

Inqilabkii wuxu fashilmay maalmo ka dib, waxana Mengiste Neway iyo ciidankisiiba qasriga iyo magaaladaba ka saaray ciidanka riglliga aha ee Itobiya oo u watay janaraal Calwaan oo sidaan kor ku sheegnay Somaali ah. Mengistu Neway intusan ka bixin qasriga boqorka iyo magaalada wuxu xasuuqay madaxdii u ku xiray qasriga. Waxa ka badbaaday adeerkay Xaji Farax Xayd oo dhaawacmay. Muddo ka dib waxa bilowday kacdoon ay hoggaaminayaan ardayda jaamacada Adhis iyo ardayda dugsiyada Itobiya oo suurto geliyay in 12kii Sabtembar 1974 Mengistu Xayle Mariam talada Itobiya kala wareego boqor Xale Silaase oo ku dhawaaqo kacaan hantiwadaag ah.

Anigu waxan ku garaadsaday magaalada Adhis Ababa oo aan ka bilaabay waxbarashada. Waxa i koriyay adeerkay Xaaji

Farax Xayd oo ahaa ganacsade ka yimi dalka maraykanka, mardanbana ka mid noqday sidan kor ku soo sheegay siyaasinta dalka Itobiya iyo wasiir ku xigeenka wasaaradda arrimaha gudaha ee Itobiya. Adarkay Ilahay ha u naxariiste wuxu geriyoday 1965, geeridiisa ka dibna waxa lay geeyay dugsi hoyaal ah oo la oranjiray Kotobe oo ku yiil duleedka mgaalada Adhis Ababa. Dugsiga waxa dhiganayay carruurta madaxda Itobiya iyo arday dalalka Afrika laga keenay oo ku timi deeq waxbarasho oo boqorku bixiyo. Ardayda dugsigu waxay gaarayeen dhawr boqol, hase ahate Somaalidu waxay ahayd soddomeeyo u qaybsanta dugsiga hoose iyo dugsiga sare.

Waxyabaha xasuusta igu reebay intaan dugsigaas dhiganayay waxa ka mid aha, maalin aniga iyo arday kale oo Somaali ah aan'xaqalciid' u doonanay safaaradda Somaalida ee Adhis Ababa fadhiday. Waxan ahayn koox ka kooban inta badan qabilooyinka Somaaliyed. Safaaradu waxay ku tiil meel aad nooga fog, xilliguna wuxu ahaa qaboobe. Barqadii baan dhaqaaqnay, duhurkiina safaaradii baan lug ku gaaray. Waxa irrida nagu qaabilay nin madaxda safaaradda ka mid ah oo nageeyay gaarashka baburta oo daar ku hoos yiil oo aan gogol fiican oollin. Wuxu na fadhiisiyay dhulka oo cunto iyo cabitaan noo keenay. Casar gaabkii baa naloo sheegay inaan dugsigii ku noqono iyada oo aan xaqalciid aan nala siin. Waxa lala haray wiil ay safiirka isku qabiil ahayeen. Wuxu ahaa wiilka qura ee qabiilkaas nagala socday.

Intii ka horaysay dagaalkii Itoobiya iyo Somaaliya ee 1977-78kii iyo soo bixitankii jabhadihii Somaaliyeed ee Itoobiya abuurtay ee SSDF, SNM, USC iyo SPM, dadka Somaalida ee ku nool Addis Ababa wey yarayeen. Intii waqtigaas ka dambaysay, dadka Somaalidu siyaabo kala duwan bey Itobiya, gaar ahaan magalada Addis Ababa u tageen. Markii dagaalkii Somaalia 1991 bilowday dalka Itobiya gaar ahan magalada Adhis Ababa waxa ku qaxay dad aad u badan.

Markaan Jibuuti ka baxnay ee Adhis Ababa tagney dariqyada meel walba waxa ka muuqday dad Somaali ah, Soo dhaweynta hoteeladana waxa lagu arkayay dumar badan oo dhallinyaro ah. Waxaan kale oo aragnay bushash dumar badan jaad iyo shah ku iibinayaan rag Somaaliyeedna ku qayilayaan. Muqaalka dadka Somaaliyeed ee iga nixiyay wuxu aha mid aad uga duwan kii dadka Amxaaradu ka haysteen Somaalida intii ka horaysay dagalkii Somaali Gal-beed 1977. Amxaaradu berigii hore Somaalida waxay ka haysatay sawir ka duwan kay arkeen dagaalada ka dib. Waxay amminsanayeen in Somaalidu tahay, 'dad hal il keliya leh, dhererkodu yahay 40 baac yahay, gacmahodu yihiin 40 baac, qaata seefo 40 baac ah oo fuula fardo 40 baac booda. Waxay rumaysnayeen inay yihiin dad aan sanbabo lahayn oo aan xi-iqin.[3] Waxa kale oo Amxaaradu rumaysnayd in Axmed Guray laha astamahaas oo u sahlay inu ku gulaysto dagaladu Itobiya la galay.

Sheekadani waxay abuurantay xilligii Xabashidu u qayb-sanayd maamulo ay xukumaan Amiiro Xabashidu caabudaan oo loo haystay inay Ilaahay wakiil ka yihiin. Waqtigaas waxa loo yiqiin xiligii Madaxda (Semene Masaafinta ama era of princes). Markii Axmed Guray boqortooyadii Xabashida je-biyay, Shacabka Xabashida waxa ku adkaatay inay ru-maystaan boqoradii ay caabudayeen ee ay u haysteen inay Alle wakiil ka yihiin oo laga adkaaday. Boqoradii Xabashidu markay ciidamadii Axmed Gurey ka qaxeen bey abuuray sheekada aan kor soo sheegnay si ay garowshiiyo ugu helaan baqdinta madaxdooda eryaysa.

Dadka Xabashidu wey qaxeen oo buuraha iyo ayda bey

fuleen oo galeen, markay u adkaysan wayeen weeraradii ci-idamada Axmed Gurey. Waxa ku adkaatay nolosha markii bu-urihii ay u qaxeen looga dabategay. Amiir Axmed Guray waxa u abuuray ilaalo ka tirsan ciidamadiisa oo raadiya cadawga Xabashida. Ilaaladaas waxay ugaarsan jireen Xabashida iyaga oo malintiina raacaya qiiqa habenkiina ololka dabka cadawgu wax ku karsanayo. Taasi waxay Xabashida ku khasabtay inay dab shidanwayaan oo cuntada oo hilibku ku jiro ay qeerinka ku cunaan.

Xabashidu in dadka Somaaliyeed caadi yihiin oo ay um-madaha kale la mid yihiin oo ayan jirin sheekada 40ka baac waxay ogaadeen 1968, markii tartan kubbadda cagta ee Afrika lagu qabtay Adhis Ababa oo kooxda kubbada cagta ee Somaaliya tagtay magalada oo la ciyartay kooxda Itoobiya. Ciyartaas daawashadeeda waxa ka soo qayb galay kum-manaan qof oo Itobiyaan ah si ay u arkaan Somaalida dher-arkodu yahay 40ka baac ee isha qura leh ee aan xiiqan. Nasibddaro kooxdii Somaalida waa laga badshay, waxana lagu dhashay golal badan, iyaguna waxba ma dhalin. Waxa kale oo la arkay in Somaalidu tahay dad daalaya oo sida dadka kale laba indhood leh. Ilaa manta marka warbaahinta Itobiya faalaynaso ciiyaaraha kubadda cagta oo ay doonayso inay tiraahdo dad badan baa garoonka yimi oo ciyaarta daawaday, waxay tiraahda, "Waxa garoonka loo soo galay sidii ciyartii Itoobiya iyo Somaaliya ee 1968!".

Dagaalkii Somaalida ee u hoggaminay Geesigii Axmed Gurey ee u la galay Xabashida, wuxu qayb ka aha da-galkii jahaadka ee muslimiinta iyo gaalada reer Yurub u dhax-eyay ee socday in ka badan 200 (1095-1291) oo sano. Ciidamada Axmed Gurey waxay ka mid ahayeen ciidamadii Islamka ee Saldanadii Cusmanida ee fadhigeedu ahaa maanta dalka Turkigu ku yaal. Waxa loo dagalamayay gacan ku haynta magalada barakaysan ee Qudus. Imiir Axmed Gurey wuxu la dagaalamay laba boqortooyo oo kala ahaa Xabashida iyo Bortagiiska labadaba wuu jebiyay.

Fircoon Weli Ma Noolyahay?

Muddo markaan Adhis Ababa joognay baan u duulnay Masar annaga oo raacnay dayaarada Itobiya Airline. Waxa gagida dayaaradaha Qaahira nagu soo dhaweeyay saaxibkay Mustafe Kaamil iyo ragii kale ee telefeshinka Somaaliya nagala shaqayn jiray qaar ka mid ah. Waxa nala geeyay gurigii nalo kireeyay oo aha laba qol oo hurdo, fadhi weyn, kushiin iyo laba musqulood. Wuxu aha guri goglan oo biyo kulul leh, taas oo muhiim u ahayd qabawga daran ee Qaahira ka dhaca. Kiradiisu waxay ahayd 200 oo dolar, waxase la ii sheegay in qofka Masriga ah gurigaas oo kale looga kireeyo lacag yar oo 50 doolar aan ka badnayn. Kirada dadka Masaarida waxa la go'aamiyay waqtigii madaxweyne Jamaal Cabinaasir u Masar xukumay. Markiiba waxa noo bilowday nolol cusub oo aan lahayn baqdin iyo waqti aan ka fakirno sidan u marayn lahayn nolosha qaxootiga ee aan ku jiray.

Masar waa dal leh taariikh guun ah oo ka soo bilaabmata 3150 sano ka hor dhalashadii Nabi Ciise (calayhi salaam). Sida taariikhdu sheegayso dalka Masar oo mar qaybsana, waxa mideeyay firconkii la oran jiray Narmer 3150 dhalashdii Nebi Ciise ka hore. Dalka intiisa badani waa lama degaan, waxana lagu noolaan kara dhul ka yar boqolkiiba 8% keliya. Dulka lagu noolaankaro waa hareeraha wabiga Niil oo ka yimaadda dalka Itoobiya iyo Afrikada Dhexe.

Dadkii asalka aha ee Masaaridu waxay ahayeen dad

madow oo Afrikaan ah, waxase markii dambe soo degay Masar dad ka yimi Yurub, gaar ahaan dalalka Griigga, Talyaaniga iyo dad ka yimi Bariga Dhexe. Dadka ugu badan ee soo galay Masar waxay ahayeen Carabtii ka timi Bariga dhexe ee Masaarida muslimiyay. Caasimadda Masar ee Qaahira waxa la deggay 2000 oo sano ka hor dhalashadii Nabi Ciise. Sannadkan qaxa ku tagnnay Qahira waxa ku noola dad ka badan 10 milyan, tirada dadka Masarna waxa lagu qiyasayay 100 milyan.

Masaaridu waxay amminsantahay inay yihiin hooyada il-baxnimada addunka. Waxay saamayn ku leyihiin inta badan dhaqammada adduunka oo ay xiriir la lahayeen qarniyadii hore. Gaar ahaan dadka Somaaliyeed waxay wadaagaan xiriir muddo dheer soo jiitamayay.

Waxa xusid mudan booqashadii boqoraddii Hebsashud ay ku timi dalka Somaaliya, gaar ahaan Dhulka Udugga (Punt-land) sanadkii 1493, dhalshadii Nebi Cise ka hor. Boqoraddu waxay dhulka Punt (Uduga) kala noqotay waxyaabo badan oo ay ka mid ahayeen beeyada, malmalka, foolasha marood-iga iyo waxyaabo kale oo ay ku qurxinaysay macbudkeeda Deer Il Baxri ee ku yaal Luqsur. Culimmo badan oo Somaali ah baa ka aflaxay jaamacadda da'da weyn ee caanka ah ee Al Ashar. Waxa kale oo Masar ay ka qayb qaadatay gaarsiinta di-inta Islamka Afrikada Galbeed iyo Afrikada Dhexe.

Noloshayada Qaahira rigli ma ahayn mana sugnayn. Nin aan walaalo nahay oo Yurub ku nool iyo qoyska intiisa kale baa noo soo dirayay masruufka intan Masaar joognay, carru-urtana waxbarashadooda ka bixinayay. Waxa naloo ballan qaaday in nala taageerayo inta aan ka helayno nolol sugan ama Somaaliya oo nabad ah aan dib ugu noqonayno. Inkasta oo ay ahayd arrin aan reerka ka filayay, haddana qorshe reer qaxooti ah oo ballaaran muddo dheer isku halayn karo ma ahayn.

Tallaabadii ugu horaysay ee aan qaaday waxay ahayd in aan carruurta ku daro dugsi. Dadka ajnnabiga ah dugsiyada loo oggolaa waxay ahayeen kuwa gaarka loo leeyahay oo kala heer ah, lacag badana la bixiyo. Waxan carruurta u dooray dugsi ku yaallay xaafadda aan degganayn oo lay ammaanay. Waxa carruurta u bilowday nolol deggan oo ay ilaween naxdinti iyo argaggaxii colaadda Somaaliya. Sannad markan joognay waxay barteen afka Carabiga, waxayna la qabsadeen dhaqanka carruurta Masaarida oo afkii iyo dhaqankii Somaalidu waa ka lumay.

Carruurta markan dugsiga ku hubsaday, waxa aniga iyo xaasku bilownay inaan ka wardoono xaaladda nolosha magaalada, gaar ahaan tan dadka Somaaliyeed. Waxan ogaannay in warka iyo xaalada dadka Somaalida ee magaalada ku nool u yaalo safaaradda Somaalida oo mar loo tago in dano laga dhammaysto, marna loo tago in wararka dalka Soomaaliya laga helo. Markan tagnay waxa safaaradda joogay safiirka iyo dhawr shqaale ah oo ay ka mid ahayeen darawalka safiirka iyo xoghaynta safaaradda. Safaaraddu ma lahayn waardiye irridda taagan oo dadka kala hora ee waxay ahayd 'iska gal oo ka bax.'

Safiirka waxa la oran jray mudane Cabdillahi Xasan oo intii uusan noqon safiirka soo noqday guddomiyaha Jabhadda WSLF ee xoraynta Somaali Galbeed. Markii Jabhadii ku dafiicday dagalkii 1977-78, baa loo magacaabay safiirka Masar. Waxa u aha nin isku darsaday aqoon, kalsooni iyo furfuraan oo si siman u soo dhaweeya dadka Somaaliyeed ee safaaradda booqashada ku yimaada. Wuxu ahaa gabaya xafidsan gabayada rag badan oo Somaali ah oo u ku jiro geesigii Sayid

Maxamed Cabdulle Xasan. Wuxu ahaa nin afka iyo suugaanta Carabta baliiq ku ah. Barqadii marka la yimaado safaaradda, xafiiskiisu wuxu u furnaa dhammaan dadka booqashada ku yimaada safaaradda oo u qaabbili jiray waqtina la qaadan jiray.

Dadka cusub ee qaxa ku yimi Qaahira, maalmaha ugu horeeya hawsha hor taalay waxay ahayd sidu ku ogaan laha qabilooyinka ay kala yihiin shaqaalaha safaaraddu. Qof waliba danihiisa iyo waraysi wuxu u aadayay qofka qabiilkisa oo keliya. Dadka aan qabiilkoodu safaaradda ka shaqayn, waxay ku khasbbanaayeen inay ku dhawaadaan safiirka si ay danahooda uga dhamaystaan. Inta badan dadku waxay raadinayeen basabooro, warqadaha aqonsiga iyo waxbarashada jaamacadaha. Adeegyada safaaradda laga heleyay qofkii u baahda waxa u bixinayay khidmmad yar oo la yiri waxa lagu daboolaya baahida safaaradda oo ay u horeyeen nalka iyo biyuhu.

Dadka Somaaliyed ee safaaradda imanayay wey badnayeen,waxana ka muuqday jidhdiid iyo nacayb ay isu hayaan. Inta badan, marka barqadii safaaradda la yimaado dadka qaarkii waxay istubi jireen safaarada horteeda iyaga oo koox koox ah. Waa caddayd in kooxuhu ay ahayeen qabiilqabiil. Qofna koox aan qabilkiisa ahayn ma salaamayn, islamana taagayn. Waxyaabaha la iska waraysanayay waxay u badnayeen dagaalladii Somaaliya ka socday halka ay marayaan iyo kolba cidda lagu jiifo. Waxa kale oo layska waraysanayay hay'adaha taakuleeya qaxootiga meelaha laga helo. Dadka is tubayay waxay ahayeen rag ee dumarku kama jirin. Qof Somaali ah oo aad qabiil awgii salaanta isla dhaafteen idinko qurbe jooga foolxumo ka weyn ma jirto.

Marka laga yimaado boqashada safaaradda, waxa loo fofi

jiray magalada, iyada oo la radinayo taakulo iyo wararka qax-ootiga. Inta badan waxa la tegi jiray meelo ay ugu weynaay-een xafiiska qaxootiga ee UNHCR iyo kaniisad la yiraahdo Karatas. Xafiiska UN waxa ugu muhiimsan ee laga helijiray waxay ahayd warqada aqoonsiga qaxotiga oo lala tegi jiray dawladda hoose ee Qaahira si loo helo dal kujoog ay khasab ahayd in la haysto.

Meesha qura ee waxooga kab nololeed laga heli jiray waxay ahayd kaniisada oo dumarku u baryo tegijireen, rag-guse ka xishoonayeen baryadeeda. Taakulada Kanisadu ma ahyn mid kaafi ah ama joogto ah oo waxa koobayay qaxootiga dalal badan oo Afrikan ah ka yimi oo u soo baryo tegijiray. Kanisadu waxay ahmiyad gaar ah siinaysay qaxootiga Masi-ixiinta ee ka yimi Konfurta Sudan iyo meelo ka mid ah Afrikada madow. Magalada waxa kale oo deggana dad So-maali ah oo ladan oo aan u bahnayn taakulo iyo aqoonsi qax-ooti midna. Dadkaasi waxay u badnayeen dad ka mid ahaan jiray dawladihii Somaaliyed ee kala dambeeyay ee dalka So-maalida ka taliyay ee hanti ka tabcaday.

Arrinka qaxotiga werwerka badan ku hayay oo waqti badan ka qaadanjiray waxa u aha helista warqadda dal ku jooga (Iqaamad) oo u bixinayay xafiiska Mugamaca (dawladda hoose) oo ku yiil badhtama magalada, barxadda loo yaqaan Mydaan Taxriir. Waxa la bixinayay lacag 20 bawnka Masaarida ah. Inkasta oo ayan ahayn lacag badan, haddana dadka qaxootiga ah ee faraha maran dhib bay ku ahayd.

Niyad jab waxa igu riday sharafddarada u qaayibayo qofka aan qaran ka dambayn. Sagaal sano ka hor 1981, sharaftii aan huwana markii ay i martiqaadday Wasaaradda Warfaafinta Masar ee aan imi Qaahira iyo iminka oo aan qaxooti ahay oo aan baryayo warqada dal ku joogga baan is garab dhigay. Markan booqashada ku imi, sidan hore u sheegay, waxa aan aha Agasimaha Radiyo Muqdisho, waxana lay dejiyay hoteelka Sheraton, waxana la siiyay baabuur madow oo hage la socdo shufeerna wado. Waxan la kulmay Wasiirka Warfaafinta Masaar ee waqtigaas, TVga Masarna waxa laga baahiyay kulankaas. Waxa lay geeyay gobaha tariikhiga ee Masar oo ay ugu horreyeen Ahraamta. Labadan jeer waxay ku kala duwanaayeen oo keli ah, marna waxaan huwana sharafta qarankayga, marna waxaan ahaa qaranlaawe aan haysan wax lagu qadariyo oo waxan baryaya in la nabadgeliyo.

Marka laga soo hargalo foofka magalada, galabtii ragga Somaaliyeed inta badan waxay fariisan jireen makhaayadaha shaaha oo Qahira ka ahaa dhaqan raggu inta badan ka sinaa. Hadddii laysla helo koob shaah ah oo bigays ah, shiishad iyo kursi meel neecaw leh yaala, waxay ka nasanayeen werwerka ka haystay qaxa ayan ogayn wuxu ku danbayndoono. Dumarka iyo carruurta waxay u badnayeen guryaha, weyna cadddayd inay dadka Masaaridu ka khashaafayeen. Waxa lays weydiinayay meeshu aaday xiriirkii wanaagsana ee la rumaysnaa inu ka dhexeyo Somaalida iyo Masaarida.

Qaxootigii Somaaliyed ee 1991 galay dalka Masaar, gaar ahaan magalada Qaahira, soo dhaweyn kama helin dawladda iyo dadweyanha Masaarida midna. Waxan xasuustay sooyaalkii labada shacab ee muddada dheer soo jiitamayay. Waxa ii caddaatay in marwalba masaaridu dan gaar ah ka lahayd xiriirka Somaalida. Waxa aan xasuustay dhacdoyinkii miisaanka weyna ee Somaalida iyo Masaarida dhex maray halka ay tageen.

Inkasta oo Qaramada Midoobay ay Somaalida adduunka

u kala yaacday u aqoonsatay qaxooti, ma jirin dal Carbeed oo dadka Somaaliyeed soo dhaweeyay ama qaxooti u aqoonsaday. Somaalidii Qaahira tagtay 1991, waxa lagu khasbay inay lacag bixiyaan oo dal ku jog goostaan oo ay dalxiis yihiin. Ma jirin dadka Somaaliyeed ee qaxootiga aha meel ay caafimaad ka helayaan. Waxa keliya ee miciin u noqotay waxay ahayd kaniisada marmar waxooga cunto ah bixisa iyo xafiiska qaxootiga UNka oo dadka qaar siiyay warqadda aqoonsiga.

Arrinkasi wuxu i xasuusiyay xiriirkii marar badan dhex maray dadka Somaaliyeed iyo dadka Masaarida. Masaaridu iyada oo aan tixgelin kaalintii Soomaalidu ka qaadatay jahaadkii Qudus ee gaalada lala galay bey 1845 ka baxday magalooyinka Somaaliyeed ee Harar iyo Berbera oo ay ka talinaysay, iyada oo wakiil ka ah dawladii Islaamka ee Cusmaniyada. Markay ka baxdy Harar waxa markiiba qabsaday gumaysiga Xabashida, Berberana waxa gacanta ku dhigay Gumaysiga Ingriiska oo xeebta tagnaa. Mar kale, dhammaadkii dagalka Aduunka ee Labaad, markii 1942 la jebiyay dawladihii Aksiska (AXIS) ee Talyaniga, Jermanka iyo Jabaan ay ka midka ahayeen, dawladihii guulaystay ee AL-LIESka (Maraykanka, Ingriskaiyo Rushka), waxay la waregeen dhulkii ay dalalka AXISku gumaysanayeen oo dhulka Somaalidu ka midka aha. Dawladda Masaar waxa la weydiiyay inay ka taliso waxa laga yeelayo dhulka Somaaliya iyo Liibiya oo Talyaaniga laga xoreeyay. Masar waxay ku talisay in Liibyana gobonimo la siiyo, Somaaliyana Talyaniga dib loogu cesho. Sidaas buu ku yimi maamulkii gobonimo garsiinta ee 10ka sano ee Talyanigu Konfurta Somaaliya gacanta ku hayay. Mar kale oo Masaaridu dhabarka ka wareentay Somaalida waxay ahayd 1964, markii Qaahra lagu qabtay shirkii ugu horeyay ee OAU (Midawga Afrika), ee

Mudane madaxweyne Adan Abdulle Cusman shirka u soo jeediyay in dib loo eego xuduudada isticmarku kala dhex dhigay dadka isku beesha ah ee Afrika. Masar codsiga madaxweynaha wey ku gacan sayrtay, waxana la go'amiyay in xaduudada Isticmaarku jeexay sidooda loo daayo oo aan waxba laga bedelin.

Sidaas oo kale, dagaalkii Somaali Galbeed ee 1977-78, markii dalalka Shuucigu oo u hogaaminayay Ruushku oo ay ka mid ahayeen Yeman, Ciraaq, Siiriya oo ay Somaaliya ku gobteen, Masar wax taagero ah ma siin dadka Somaaliya.

Sida u Professor John Waterbury ku qoray buugiisa 'Hydropolitics of the Nile Valley' waa la huba in dalalka wadaaga biyaha wabiga Niil ay ku dagaalami biyaha wabiga Niil. Masar oo og ma hurankaas, waxay weligeedba ku hawlanayd in Somaaliya ahaato cadaw gadaal ka fadhiya Itobiya oo dhabarka ka wareemaya haddii dagaal ka dhex qarxo Itobiya iyo Masaar.

Magalada Qaaxira oo ay ku noolyihiin dad badan, waxa aad looga baqa ciidammada nabad sugida oo sida nalo sheegay qofka u gacangala dhibaato badan la kulmo. Guryaha la degganyahay oo u badan saro dhadheer midwalba waxa hoos fadhiya waardiye (Bawaab) naloo sheegay inu dawladda basaas u yahay oo ka mushahar qaato. Bawaabku waxa u isha ku haya dhaqdhaqaaqa ka socda daarta u ilaalinayo, wuxuna leyahay awood uu tallaabo ka qaadi karo waxa uusan u bogin. Waxa kale oo u qaabbilsanyahay adaanka salaadda sarta ee shanta waqti.

Shacabka Masaaridu waa dad sabool u badan oo inkasta oo ay aad u badiyaan xuska Alle iyo erayada ducada ah, haddana khiyaamo badan. Waxa laga yaaba in qofka Masriga ahi been cad magaca Alle ugu dhaarto si uu u xalaashado arrin idin dhex yaal. Shacabka Masaaridu inta badan waxay ku noolyihiin raashin dawladdu kabto oo ka kooban moofo iyo fuul. Haddii aad saxiib ku yeelato dadka Masaarida, martiqaad dhaar badan la socoto wey leyihiin, hase ahate kuma siinkaran wax ka badan hilib qollay oo la dubay.

Sidaan kor ku soo sheegay, waxa i taakuleeyay nin ka tirsanaan jiray safaraddii Masaarida ee Muqdisho oo aan rafiiq ahayn oo la yiraahdo jeneraal Shawqi iyo rag TVga Somaaliya ka shaqayn jiray markaan agaasimaha ka aha oo u ka mid ahaa Inj. Mustafa Kamil. Muddo yar markaan joogay Qahira, Jeneraal Shawqi waxa u i baray ganacsato badan oo Masaari ah oo qarkood u baahnayeen in laga caawiyo fariimaha ganacsiga ee afka Ingriiska lagu qorayo ee ay adduunka kula xiriirayaan. Hawshaas lacagta iga soo galaysay waxay ahayd mid nolosha qoyskayga aad u kabtay oo aan ku qabownay.

Intan dadka Masaarida ku dhex jiray waxa aan ogaaday inay ciidamadu awoodda dalka haystaan (stratocracy). Sarakiisha ciidamadu markay hawlgab noqdaan, waxay furtaan shirkado awood badan leh oo dawladdu naas nuujiso, aadna looga dambeeyo. Sarakishas iyo reerahoodu waa dabaqadda sare ee dalka oo aad u ilaashada danahooda kana horaysiiya danaha dalka. Dalku waa sac irman oo ay ciidamadu keligood malaan. Dabaqaddaas sare waxay fure u tahay arrin kasta oo nolosha iyo dhaqaalaha dalka ku lug leh.

Dabaqadda sare ee ciidamada ragga ka tirsan oo Jeneraal Shawqi ku biiray marku shaqada ka fariistay, anigana u qaarkood i baray, xiriirkooda waxyaabo badan baa iga soo maray, gaar ahaan arrimo ku lug laha Somaaliya. Sarakiishaas ma daraynsaneyn dagaalka sokeeye ee Somaaliya ka socday, hadday maqlaana kama danqanayn oo xitaa naxaris aadane ama Islaamnimo ma muujinayn. Meesha dantoodu gasho way ka daba gelayeen iyaga oo aan waxba xeerinayn.

Intaan ragga dabaqadaas sare ee Masarida ka tirsan xiriirka la lahaa dhowr arrimood oo Somaalida la xiriira baan u soo joogay. Arimahaas waxa ka mid aha nin Somaali ah oo ganacsade ah oo heshiis afka la galay shirkad geela iibsata. Ninku waxa u Somaaliya ka keenay dowr boqol oo awr ka dibna waxa u ku wareejay nin ka mid ragaas maalqabeenka ah. Markay shirkadii awrtii la waregtay bey bilowday inay tirahdo awrtii weli lama iibsan, ugu danbayna irridaha baa laga xiratay ninkii Somaaligii. Nasiibdaradu waxay ahayd iyada oo u ninka Somaaliyeed xoolaha ku keenay af keliya oo aan wax qoraal ah lakala saxeexan. Xitaa haddii qoraal jirilaha u malaynmaayo inu lacagtiisa helilaha. Dhibta kale waxay ahayd iyada oo safaarad awood leh oo la tixgeliyo oo u dacwoota ayan jirin. Ninka Somaaligu waxa laga yaaba inu warta ka soo ururuyay reer miyiga Soomaaliyeed isaga oo u ballan qaadayo inu u soo iibinayo oo lacag u keenayo. Iminkana jawaabtiisu waxay noqonaysa "Awrta suuqodii baa xumaday oo waa la iibsanwaayay!"

Arrin kale oo nasiibdaro aha oo aan u soo joogay waxa u aha nin Somaaliya oo caan ah oo Ciidanka Xoogga Dalka Somaaliya ka tirsanaan jiray oo Qaahira noogu yimi. Ninku waxa u kamid ahaa jabhadihii Kacanka la dagalamay oo Itobiya ka soo noqday 1988. Marku soo laabtay, dawladdii Kacaanku wey nasnuujisay oo xil fiican bey u dhiibtay, marku ka toobad keenay caasinimadii. Ninku wuxu la kulmay nin barkab kaluumaysi leh. Markabkii buu u fasaxay inu xeebaha Somaaliya ka kaluumaysto faa'iidadana la qaybsado. Dhawr rar oo kalluun ah markii la keenay Masar baa ninkii Somaaliyeed xiriirka loo gooyay. Dadaal iyo waqti badan ka dib baa lagu wargeliyay in kalluunkii qurmay oo la qubay oo lagu khasaaray.

Arrin kale oo naxdin laha oo calool xumo igu riday wuxu aha nin Reer Somaaliland ah oo SNM la soo galay Hargaysa, marna Somaliland wasiir ka noqday baa Qahira yimi oo heshiis la galay jeneraal Masri ah oo hawlgab ah. Ninka Somaaliyeed wuxu ka yimi Yeman, wuxuna rabay in hub looga soo iibiyo dalalkii ka abuurmay burburkii dalkii Yugoslafiya ka dib. Qorshuhu waxa u aha in hubka dayaaradi xili habeen ah ku dejiso xeebta Saylac ka dibna doonyo u daabulaan xeeta Yeman. Wey caddayd in ninku xiriir la lahaa jabhadaha ka dagaalamayay Yeman. Wuxu qaddimay lacagtii lagu heshiiyay intii badnayd. Muddo ka dib waxa loo sheegay in hubkii ay qabteen hay'adaha la dagaalama hubka kontrobaanka ah.

Ku soo Dhawow Ameerika

Muddo dheer bey nagu qadatay inaan ka soo kabano dihaalkii naga soo garay hayaankii dheera ee aan ku soo qardajeexnay Somalia, Jibuti, Itobiya ilaa Masar si aan u helo meel aan ku negaano. Waa ogaa inaan Qaahira ahayn meeshii aan rasmi ahaan ugu noolaan lahayn. Muddo markaan ka fakiray tallaabada aan qaadayo, carruurtiina la qabsatay nolosha iyo waxbarashada, saskii iyo naxdintii qaxuna ka ba'day, baan goostay inaan magangelyo weydiisto safaaraddaha Maraykanka iyo Ingriiska si aan mid uun deggaansho uga helo. Labada dal waxaan u doortay aniga oo hore ugu noolaaday. Labaduba waxay ka mid ahayeen dalalka aan wax ku bartay oo aqoon gaar ah baan u lahaa. Labada dalba waxa laga helayay raadadkayga waxbarasho. Dhinaca kalena, intii aan madaxda ka aha laamaha Wasaardda Warfaainta Somaaliya, waxa safaaradaha dalalkaas na dhex maray xiriir shaqo oo badan. Waxay ahayeen xiriiro ku lug lahaa baahinta barnamijyada maalmaha xusidda mudan ee dalalkooda, sida maalinta 4ta July oo ah maalinta xorriyadda dalka Maraykanka. Waxa kale oo safaaradaha loo baahin jiray hawlaha khubarada dalalkooda ka timaada ee ka hawlgelayay mashaariicda ay Somaaliya ka fulinayeen.

Intaas ka sokow, waxa jirtay in aan Sannadkii 1981 aan magaalda Mogdisho kaga qayb galay imtixaan deeq waxbarasho oo lagu tegayay dalka Maraykanka oo ay qaadaysay Safaaradda Maraykanku. Imtixankaas oo ay u faris-teen Afrikaan badan, waxa laga rabay hal qof. Imtixaanka oo aan ku guulaystay, waxan ammaan u soo hooyay Wasaaradda Warfaafinta iyo dalkaba. Safaaraddu waxay warqad u soo qor-tay Wasaaradda Warfaainta Soomaaliya oo ugu hanbalyaysay guusha iyo sharafta weyn ee aan u soo hooyay.

Jaamacadda Maraykanka ee aan tegay, waxa laysugu keenay kooxdii ku guulaysatay imtixaanka oo ka koobnayd 7 qof oo kala aha, hal Afrikan ah, labo Jayniis ah, hal Hindi ah, hal Filibbiin ah, hal Nebaal ah iyo hal Bangaladhesh ah (eeg sawirka). Kooxda waxa waxbarasho ku saabsan hoggaaminta iyo siyaasadda loogu geeyay jaamacadda caanka ah Princeton ee ku taal gobolka New Jersy ee dalka Maraykanka. Waxan markale 1983 waxbarasho u tegay dalka Ingriiska, Jaa-macadda London University, Kulliyadda SOAS oo aan ku soo bartay darasaadka Africa (African Studies). Waxa aan dareen-sana in arrimahaasi iga caawinayaan marka aan codsi maga-ngelyo weydiisto safaaradaha Maraykanka iyo Ingriiska.

Daraasad iyo xuuraan badan kadib, waxan soo u ururiyay arrimaha dawladda Maraykanka iyo dawladaha Yurub ay u nuglayeen dadka ku sifooba oo ay nabagelo siyaan oo dalalkooda u qaadaan. Waxan ogaaday in inta badan ay u de-bcaan ama u nugulyihiin dadka sheegta in dalkooda ay kala kulmeen seddex arrimood miduun ama seddexdaba oo kala ah: takoor diineed, takoor afkaareed iyo takoor isir. Waxa la rumaysanyahay in seddexdaas marka qofku la kulmo in noloshiisu khatar gasho. Hase ahaate, dadka Somaaliyeed in-tooda badan waxa dalkoodii ka soo eryay colaad ay iyagu abu-ureen oo nabadgelyadii suuliyay. Dhinaca kale, qof kasta oo magangelyo doon ah marka safaaraduhu qaabilan, su'aasha hortaal waxay tahay, 'Maxaad u doonaysa magangelyo in lagu siiyo oo aad dalkaaga uga soo qaxday?

Dadka ka qaxaya dalalka Africa iyo Aasiya ee ku dadaalaya sidii ay u tegilahayeen dalalka Reer Galbeedka, waa nolol ama dhaqaale doon. Sidaa darteed, dalalka Reer Galbeedku waxay ku khasbbanyihiin inay hubiyaan in dadka qaxaya ayan dhaqaaledoon ahayn ee hadday ku nagaadaan dalalkooda ay naftoodu khatar gelayso oo iyaga iyo ubad-koodaba laga yaabo in la dilo. Dadku khataraha ay ka soo carareen waxay ku caddayn karaan iyaga muujiya in qaxa ka hor ay dalalkooda ku haysteen nolol deggan iyo dhaqaale ku filan.

Arrimo kale bay tixgeliyaan dalalka loo hayaamo ee qax-otiga aqbbala. Amerika iyo Yurub qaxotiga ay aqbbalaan ee dalalkooda geeyaan, tiradooda iyo dalalka ay ka imanayaanba waa xadidanyihiin. Waxa xeerkaas ka reeban dadka cad-daanka ah oo shuruud la'aan ku gala kuna dega dalalka Reer Galbeedka. Dhinaca kale dadka ka imanaya Afrika, Koonfurta Ameerika iyo Aasiya ee aan caddaanka ahayn, looma oggola fasax la'aan inay soo galaan ama deggaan dalka Maraykanka iyo dalalka Reer Yurub.

Si loo dheelli tiro tirada jinsiyadaha cadaanka, madowka, iyo dadka Aasiya iyo Konfurta Amerika ee aan cadanka ahayn, waxa sannad walba tiro xaddidan oo aan dadka cad-daanka ahayn loo oggolaada inay Maraykanka soo galaan. Marka qofka Somaaliga ahi nasiib u helo in loo oggolaado inu galo dalka Maraykanka waa qof ka mid noqonaya tirada dadka aan caddaanka ahayn ee lagu buuxinayo tirada dheel-litirka jinsiyadaha dalka ku nool. Ujeeddada ka dambaysa ilaalinta tirooyinka loo oggolaanayo inay Maraykan galaan waa mid lagu hubinayo in marwalba dadka caddaanka ahi ka badanyihiin jinsiyadaha kale oo dhan marka laysku daro. Waa siyaasad lagu hubinayo in dhaqaalaha iyo siyaasadda dalku mar walba ku jirto gacanta dadka caddaanka ah.

Dadaal badan ka dib, markan diyaargaroobay oo aan rogrogay doodda aan la hortegayo safaradaha, baan maalintii danbe, 8dii subaxnimo, dhar si fiican loo fereeyay intan isku taagay u dhaqaqay dhinaca safaradda dalka Maraykanka oo ku tiil bartamaha magalada Qaahira. Kilkisha waxa igu jiray malaf aan ku ururiyay shahadoyin iyo waraaqo tilmaan ka bixinaya qofka aan ahay iyo noloshaydii hore. Inan lugeeyo ayan doortay, si aan waqti ugu helo rogrogidda doodda aan la hortagayo madaxda Safaradda. Intan lugaynayay waxan qiimaynayay hadalkayga, aniga oo ku celcelinaya oo kolba dhinac ka eegaya doodayda. Waxa ii baxayay dhawaqa erayada aan adegsandoono iyo habonaantooda.

Xilligu waxa uu ahaa kulayl iyo huur ay neeftu kugu dhegayso. Markaan safaradda ku dhawaaday baa culays badan i fuuly. Waxaan neftuuraba waxaan gaaray irridda safaradda aniga oo aad u daallan. Iscaddayn ka dib waxa la ii oggolaaday inan gudaha galo, waxan ku biiray dad badan oo teendho hoosteed kuraas ku fadhiya.

Muddo markaan sugay afjaac oo aan daalay, baa waardiye Masri ah oo dadka kala horayay ii gacanhaadshay. Gudaha intu ii kaxeyay buu meel aan ka fogayn irridaan ka soo galay muraayad ku taal i hor taagay. Muraayadda gadaasheeda waxa fadhiday haweeney malaf warqado ka buxaan ku mashquulsan. Intay ka soo jeesatay warqadahay ku fooganayd bay farta iigu fiiqday kursi meesha aan taagna yallay oo dib ugu noqotay warqadahay ku hawlanayd.

Culayskii i saara baa kordhay! Su'aal ah, 'tolow maxay ku weydiin?' baa igu soo noqnoqotay oo sidii daasad dabayli ruxayso madaxayga ka garaacantay. Muddo ka dib bay soo jeesatay oo intay furtay muraayaddii igu tiri, "Raalli ahow! Hawl yar baan dhammaynaye! Maxaan ku qabta oo aad safaaradda u timi?"

Aniga oo fahamsan in jawabtaydu fure u tahay go'aanka ay qaadandoonto, baan iri, "Waxaan ahay magangelyodoon ka yimi dalka Somaaliya ee dagaalada sokeeye ka socdaan."

Waxooga markay ku maqnayd qorista jawabtayda bay igu soo jesatay oo tiri, "Magaca? "

Waxan iri, "Waxa lay yirahdaa Yuusuf Maxamed Xayd."

Muddo ka dib bey haddana igu soo jeesatay oo tiri, "Wax caddayn ah oo arrimahaga ku saabsan ma haysa?" Waxa aan u dhiibay malafkii aan sitay ee ay ku jireen caddaymaha aan soo diyarsaday oo ay ka mid ahayen, qofka aan ahay, sha-hadooyin, shaqooyinkii aan Somaaliya ka qabtay, i.w.m. Malafkii bay kala furtay oo waraaqihii ku jiray mid mid u egtay. Markay ka bogatay bay xaraysatay oo tiri, "Waan kula soo xiriiridoona ee ballanka kala soco boorka ogaysiiska safaaradda ee irrida ku yaal." Intaas ka dib bay daaqaddi xi-ratay.

Markaan safaarada ka baxay, waxa iga dhacay culayskii badnaa ee ka dhashay diyaargarowgii maalmaha badan qaatay ee safaaradda i keenay. In badan baan ku seexday oo ku soo toosay oo aan rogrogay sida aan u abbaarayo kulanka safaaradaha oo aan ku celceliyay jawaabaha aan bixindoono. Waxaan istaagay safaaradda horteeda, aniga oo aan hubin dhi-naca aan u dhaqaaqayo. Weli Anniga oo aan ka soo noqon mu-rankaan muqurtay ee madaxayga ka socday baan maqlay dhawaaq iga codsanaya inaan safaaradda ka hor dhaqaaqo.

Waxan u luuday makhaayad ku taal barxadda Taxriir ee badhtamaha magalada Qaahira oo aan ka fogayn safaarada. Intaan kuraastii makhaayadda hor tiil mid aan loo dhaweyn fariistay baan dalbay koob shah ah oo la ii keenay iyada oo u la socdo koob biyo ah. Markiiba waxa igu soo degay kun su'aalood oo aanan midna jawaab u hayn. Waxaan is wediiyay waxa safaaraddu orandoonto, hadday ku diido maxaad samayn? Xaggee kale oo aad nolol ka raadin? Hawenadii safaaraddu siday kula dhaqantay ma qummanayd? Gormay ku yeeri safaaradu oo mar kale lagu waraysan? Markaad gurigii ku noqoto xaaskii iyo carruurtii maxaad ku oran?

Waxaan ku dhaygagay dadkii faraha badna ee barxada hortayda isdhaafayay. Waxaan hubay inay kala dan yihiin, hase ahaate ay kulligood la legdamayaan nolosha. Waa la hubay inay maalinta xigtana dagaalka halkii ka sii wadayaan. Intaan ku maqnaa faallaynta nolosha dadka faraha badan ee hortayda isdhaafaya baa koobkii shaaha ee i horyalay duqsi ku xoomay oo qariyay afkiisa. Intu kala riixanayay dhecaanka koobka qarkiisa saaran bey in badan oo ka mid ahi ku dhacday shahii kulula oo dhimatay. Waxan rumaystay in duqsiguba nafley yahay oo la daalaadhacayo nolosha, saakana u soo kallahay si u dhadhamo uga helo gayiga u ku noolyahay. Waxan isweydiiyay inta nolosha Somaaliya taalay ka duwantahay tan duqsiga geerida u bareeray si uu u noolaado.

Waxan ku noqday gurigii aniga oo dhanna u arka inaan ku guulaystay la kulanka hawlwadeenka safaaradda Maraykanka, dhinacna su'aalo badan iska weydiinaya waxay noqondoonto jawaabta safaaraddu. Waxa ii bilowday maalmo aan raagsanayo go'aanka safaaradda iyo hadday diidmo noqoto waxa aan yeelidoono. Xaaladda cusubi waxay saamaysay noloshii guriga. Xaaska iyo carruurtuba waxay dareemeen wahabka i fuulay iyo farxad la'aanta igu dadan.

Maalin walba booqashada irridda safaaraddu, waxay ii noqotay joogto. Maalmo badan markan soo hungoobay oo iska waayay magacyadii lagu soo dhejinayay irridda safaarada, baa maalintii danbe la soo dhejay magacyo badan oo aan ku jiro oo la cayimay maalinta layla kulmayo oo waraysiga labaad layga qaadayo. Waxa ii bilowday werwer hor leh oo aan garanla'aa waxa go'aanku noqondono marka lay qaabilo ee mar labaad lay waraysto. Waxan waqti badan ku bixiyay in aan maleeyo su'aalaha laga yaabo in lay weydiiyo.

Subaxdii aan waraysiga u ballansanaa baan salaadda subax ka dib diyargaroobay. Qubays aan ku raagay oo ku fakirayay oo aan su'aalo badan isweydiiyay reerkana kaga dhuumanayay ka dib, baan xirtay dhar aan ilqabad lahayn iyo kabo la baalashay oo ifaya. Xaaskii oo qoodha igala socotay baa duco iyo dardaaran badan i huwisay. Carruurtii oo dugsiga u diyaar ah, hase ahaate aan fahmin hawsha soo korodhay iyo saamaynta ay ku leedahay noloshooda baa i weyddiiyay su'aalo badan oo aan kaga jawaabay afjugid iyo inayan dugsiga ka daahin.

Xaafadda aan magaladda Qaahira ka degganayn baan ka raacay tagsi wadaag ah oo u socday aagga Barxadda Taxriir ee safaradda Maraykanka u dhaweyd. Markaan irridda Safaradda gaaray, baan ilaaladii u shegay in lay sugayo oo la ii yeeray. Gudaha markan galay, waxan ku darsamay dad tobaneyo ah oo daashka sugidda fadhiya, kuwaas oo aan u maleyay inay yihin dad loo yeeray oo magangelyo doon ah.

Muddo markan fadhiyay oo aan neeftuurayo, dadkiina inta badan gudaha looga yeeray oo ay mid mid u soo baxeen, iyaga qamiirsan oo aan farxadi ka muuqan, baa anigana la ii gacan haadshay. Waxa la ii geeyay nin oday ah oo shaarubo weyn oo miis weyn dhabarkiisa fadhiya. Wuxu ii tilmaamay kursi ka soo horjeeda oo miiska soke ka yaal. Waxa igu soo dhacday awooda Alle qof gaar u siinayo inayan xad lahayn. Wey caddayd in ninku waayo badan soo joogay, maantana dad dhibban oo naxariis u baahan u noloshooda go'aan ka gaarayo. Markaan fariistay buu yiri, " Magaca?". Markaan magacayga u sheegay buu yiri, "Maxaan kuu qabannaa oo aad doonaysay?"

Waxan ugu jawaabay, "Magangelyaddon baan ahay."

"Maxa dalkaaga ka soo eryay?" Buu igu soo ceshsy.

Aniga oo rumaysan in jawaabta su'aashu tahay tan lafd-habarta u ah go'aanka u qaadandoono baan ku jawaabay, "Da-gaal sokeeye baa ka socda oo waa lays dilayaa, hantdiina waa layga boobay. Aniga iyo reerkaygu khatar baan galay oo waxa khasab noqotay inaan qaxno oo raadsano meel aan nabadge-lyo ka heleyno."

Isaga oo aan wax dareen ah muujin buu yiri, "Ayaa ku da-gaallamaya?"

"Kooxo xukun doon ah," baan ku jawaabay.

Waxa aan garanwayay inuusan kaba warhayn dagaalka So-maaliya ka socda iyo inuusan dan ka lahayn. Aniga oo daraynkayga xakamaynaya baan raaciyay, " Dalkayga amni kama jiro. Waxaan ahay nin ka shaqeynjiray warfaafinta oo waa la radinaya dadkii ka tirsana warbaahinta dawlada. Anigu kama soo jeedo deggaanka dagaalku ka socdo oo ah magaalo madaxda dalka. Waxa magaalada qabsaday koox aan i bad-baadinayn."

Wuxu si aan naxaris lahayn iigu jawaabay, "Waxaad soo martay dalal badan oo aad ka soo gudubtay. Maxaad maga-ngelyo u weydiisanweyday?"

Aniga oo iska ilaalinaya inaan u gafo dalalka aan ku soo hakaday baan ku iri, "Dalalkaas qaxootiga ma aqbalaan, in dalalkooda laga shaqaystana ma oggola. Xitaa dalkan Masaar inaan joogo oo aan ku noolaado waxba kama qabo, hase ahaate shaqo kama helayo."

Muddo dheer bay ku qadatay inu joojiyo waraysigii imtixaanka adag ahaa. Waxan su'aalihisa ka fahmay inu doonayo inu hubiyo in khatarta aan sheegayo ee aan uga soo cararay dalkayga ay run tahay iyo inaan ahayn qof dhaqale iyo nolol ka raadinaya dalka Maraykanka. Waxaan hubiyay inu rumaystay in Somaaliya ay aniga iyo reerkayga waqtiga la joogo ay khatar u tahay. Waxa kale oo aan u caddeeyay in aanan ahayn dhaqaledoon oo aanan culays saarayn dadka Maraykanka ee aan ahay qof aqoon leh oo shaqaysanaya.

Waxooga marku aamusnaa buu rogrogid ku bilaabay warqadihii ku jiray malafkii horyaalay ee aan booqashadii hore safaaradda keenay. Markuu ka bogtay buu su'aalo dhawr ah oo hor leh i weyddiiyay. Su'aaluhu waxay u badnaayeen waxbarashadayda dalka Maraykanka iyo waxan bartay. Waxa kale oo u soo hadalqaday waxbarashadaydii dalka Ingriiska. Waxan u qaatay inu doonayay inu ogaado sababta aan baaqi ugu noqonwaayay dalka Maraykanka ama dalka Ingriiska markan wax ka baranayay. Waxan ku dadaalay inaan ka leexdo su'aalaha xujada ah ee u i hor dhigayay. Waxan u sheegay in deeq waxbarasho aan ka helay dalalka Maraykanka iyo Ingriiska oo aanan waqtigaas u bahnayn inan dalalkaas rigli ku ahaado. Waxa kale oo aan ugu daray in shaqo fiican Somaaliya igu sugaysay. Muddo marku aammusna buu ii sheegay inu waraysigii dhammaystay oo aan bixikaro. Waxa aan jaclaystay inu rajo ii muujiyo oo aan maleeyo go'aanka ay safaaraddu qaadandoonto, iimuse gad bixin oo waxaad moodaysay inuusan dareen lahayn .

Aniga oo cagaha jiidaya baan ka baxay safaarada. Culays badan baa i fuulay. Rajada aan qabay baa maalinba maalinta ka dambaysa mugdi sii gashay. Mar kale bay noqotay inaan ku seexdo oo ku soo tooso welwel aanan waxba ka qaban karin. Waxan joogteyay kallahaada aan ku tegayo safaaradda irideeda si aan u soo eego in go'aankii la soo dhejay. Maalin walba waxan soo noqda aniga oo niyad xun oo rajadaydu sii shiiqayso. Waa nasiibddaro marka noloshaada iyo tan reerkaagu ku xirmaan go'aanka qof aan u danqanayn duruuf-tada, noloshuna culays ku ahayn.

Waxan werwer iyo walbahaar ku jiraba, maalin danbe baan goor barqo ah u luuday dhinacii safaaradda. Markaan ku dhawaaday baa waxa ii muuqday dad badan oo ku xoonsan looxii ogaysiiska ee safaaradda horteeda ku dhegenaa. Tal-laabada intan hoos ka xaday baan kadlayn bilaabay oo dadkii ku foognaa ogaysiiska ku biiray. Intaan dadkii jibaaxay baan liiskii dul tegay oo indhaha ku biniiniyay. Warqadii maga-cyadu ku qornaayeen baan kor iyo hoos indhaha ula raacay aniga oo raadinaya magacyada ka bilaabma xarafka 'Y'. Markan dhowr jeer kor iyo hoos magacyadii u dul maray baan ugu danbayn arkay 'Yusuf Mohamed Haid' oo meel dhexe kaga jira magacyada. Dhow jeer baan akhriskii ku ceshay oo hubiyay oo ku dhawaaqay 'Yusuf Mohamed Haid', sidii qof salalay. Dhidid baa fax iga soo yiri oo wajiga iga qooyay. Waxa iga dhacay culays aan muddo badan xambaarsana. Maalinta mar kale safaaradu la kulmayso dadka la ogolaaday baa magacyada ku hor qornaa oo aan maalintayda xafiday.

Muddo markay ka soo wareegtay baan maalintii ballanka la ii qabtay safaaradda tegay. Waxa la ii dhiibay bushqad ay ku jiraan warqado dhawr ah oo ay ku qoranyihiin arrimaha la doonayo inaan soo qabto ee diyaargarowga. Arrimahas waxa ka mid ahaa in qof walba oo qoyska ka mid ah laga rabo laba sawir. Waxa kale oo ku jiray cinwaanka iyo maalinta la tegayo shaybaarka caafimaadka ee nalagu baarayo. Bushqaddii baan adkaystay oo irridda bul kala iri aniga oo dheg la qabto la-hayn, jahadii gurigana afka saaray. Muddo markan rucleeyay baan raacay taagsi wadaag ah oo dhowr qof saarantay. Waxaan raagsaday intaan xaaska iyo carruurta garsiinayo bushaarada. Iyada oo dhidid i qooyay baan gurigii dalaq iri. Waxaan ku celceliyay aniga oo neeftuuraya, "Waa layna ogolaaday! Waa layna oggolaaday! Ameerika baan tegayna!"

Carruurtii iyo xaaskii baa igu dhegdhegay oo xaskii ku cel-celisay "Ilahow waa mahaddaa!" Carruurtii oo boodboodaysa baa kii ugu yaraa oo 6 jir ah oo aan fahmin waxa laga hadlayo, baa intu gacanta xoog ii jiiday ku celceshayy, "Aabbe! Aabbe! Ma guri kale baa loo guuraya?"

Aniga oo ay igu adkaatay jawaab da'diisa ku haboon baan ugu dejiyay, "Waxan u guurayna magaalo fiican!" Maalmo ka dib baan tagnay shaybarkii naloo diray. Waxa nalaga qaaday dhiig, raajana waa nala saaray. Gurigii baan ku noqonnay, waxase nafuulay culays hor leh oo ka yimi annaga oo aan hubin waxa ka soo bixidoona baarista caafimaadka. Ma hubin waxan yeelidoono haddii nalaga helo cudur ama qof naga mid ah baarista caafimaadka ka gudbiwaayo.

Jawaabtii shaybaarku ma raagin! Waxa nalagu wargeliyay in aan tegista Amerika u diyaargarowno. Waxa noo bilowday faallaynta mustaqbalka iyo sida aan u noolaandoono markan Maraykanka tagno. Aniga iyo xaaska waxa gaar noo ahaa sheekada 'sidaan u abbaaridoono korinta carruurta'. Waxaan isweydiinay sida aan diinta iyo dhaqanka ugu barbaarindoono carruurta. Sida aan uga ilaalindoono dhaqamada xunxun ee ka jira Maraykanka baan aad uga fakiray oo sheeko badan ka yeelanay.

Muddo yar ka dib baa naloo sheegay inaan 26ka bisha Ok-toobar 1993 aan Qaahira ka baxayno oo 27 Oktoobar ka degayno magaalada New York ee Dalka Maraykanka. Waxa kale oo naloo sheegay inaan New York isla maalintaas uga gudbayno magaalada Saint Louis oo ku taal gobolka Misouri ee badhtamaha bari ee dalka Maraykanka oo halkaas aan ku nolaandoono

Waxaan bilownay dukaamaysi, annaga oo ku dadaalayna in lacagta yar ee aan haysano ku iibsano waxyaabaha aan islahayn kama helaysaan dalka Maraykanka. Waxan iibsanay kutubta iyo cajaladaha Quraanka, sijaayado, qamiisyo, dharka dumarka iyo macawiso iyo cimaamado. Waxa aan urursannay waxyaabo badan oo dhaqanka Islamka iyo Somaalida la tixgelyo oo annaan hubin in aan Maraykanka ka helayno.

Dhif iyo naadir bey ahayd in Maraykanku dalka Masar qaxooti ka qaado. Tegistayadu waxay dadka Somaaliyed ee Qaaxiro joogay iyo saaxiibaday Masaarida ku noqotay lamafilaan iyo mar la arag ah. Sagootintii naloogu imanayay guriga waxay noqotay bax iyo soo gal. Hanbalyada iyo ducadu waxay noqdeen maasha Allah. Sheekada dadka noo bushaarenayay waxa ku badna codsi ah, "Markad Maraykan tagtaan na soo xasuusta oo 'ISBOONSAR' noo soo dira."

Sidii ballanku ahaa waxaan Qaahira ka baxnay 26dii Oktoobar 1993 oo aan maantii ku xigtay ka degnay New York, oo aan u gudubany magaalada Saint Louis ee gobolka Misouri. Dayaaradda aan la soconay waxa saara qoys Sudaanta Konfureed ah oo la hubay in ayan hore u arag dhaqan magaalo. Waxa la tusayay sida kursiga loogu fariisto iyo sida musqusha loo isticmaalo.

Waxan xasuustay hooyo Somaaliyeed oo afar carruura jiidaysa oo gegida diyaaradaha Qaahira la murmaysa ciidamada gegida dayaaradaha. Hooyadu ma wadan wax caddayn ah, af aan Somaaliga ahayna ma aqoon. Waxan hadalkeeda ka xasuusta,"Wuxu miyeeyan Muslim ahayn? Maxay noo itixaamayaan?" Hooyadaas aan taclliinta lahayn oo iyada oo carruurteeda wadata qaaradaha isaga gudbaysa, waxan u malaynaya in Somaali uun laga helayo.

Magalada Saint Louis waxan galnay fiid dambe, waxanana na qaabilay hay'addii na dejinaysay oo la yiraahdo International Institute. Waxa nala geeyay guri laba qol oo isu furan, kushiin yar iyo musqul leh oo ay dhex yaalliin makiinada wax lagu karsado iyo tallaajad yar oo waxooga cuntooyin ah ku jiraan. Labada qol waxa dhexyiil furaashyo xalleefyo ah, barkimoyin buush ah iyo dhowr go' oo khafiif ah iyo bustayal. Habeenkaas annaga oo aad u daallan, markaan waxoogaa cunto ah afka ku dhufannay baan werwer la'aan aniga, xaaskii iyo carruurtii qofba meel is duuduubay.

Haddii aan tilmaan gaaban ka bixino taariikhda qaaradda Amerika, Reer Yurub waxay ogaadeen jiritaanka qaaradda, sannadku marku aha 1492. Waxa khalad ah in la yirahdo qaaradda waxa la HELAY 1492, sida Reer Yurub ku doodaan. Waxa sax ah in la yirahdo 1492 baa Reer Yurub OGAADEEN jiritaanka qaaradda Amerika. Xilligaas dalka Somaaliya waxa ka jiray ilbaxnimo da' weyn iyo magalooyin facweyn oo ay ka mid yihiin Berbera, Boosaaso, Baraawe, Muqdisho iyo kuwo kale oo badan.

Taariikhdu waxay caddaynaysa in boqoro ka talinjiray Galbeed Afrika qarniyo hore ay booqdeen qaarada Ameerika 140 sano ka hor booqashadii Kiristofar Kolombus[3] (Christopher Columbus) [x] oo reer Yurub rumysteen inu America helay

---

3 African Presence In Early America: Mansa Abubakari II (African King who arrived and settled in America, 180 years before Columbus
by Joseph Okpoyo (Author)
They Came Before Columbus, by Van Sertima
Africa and the Discovery of America, by Leo Weiner

1492. Yurub inay ogaato jiritaanka qaaradda Ameerika waxa sabab u aha dawladdii Islaamka ee Cusmaaninta (Ottoman Empire) ee fadhigeedu aha maanta meesha dalka Turkiga ku yaal. Sababtuna waxay ahayd, markii 1362 ay dawladaasi qabsatay dhulka baaxadda weyn ee maanta dalal badani ku yaliin ee loo yaqaan Balkan. Dhacdadaasi waxay xirtay jidkii ganacsiga ee loo yaqaanay JIDKA XARIIRTA (Silk Road) ee u marayay ganacsiga u dhexeya Yurub iyo dalka Jayna.

Jidkaas ganacsiga ee Europe iyo Jayna u dhaxeyay markii dawlada Islaamku xirtay waxa khasab noqotay in Yurub ay hesho jid kale si ganacsigu u sii socdo. Dawladihii reer Yurub ee xilligaas iyo bad marenadodu waxay ku taliyeen inay u gooshaan galbeed iyaga oo raacaya badda Atalantikada. Tal-adaas ka dib bay seddex donyood oo baaxad weyn oo u hogaaminayay badmarenka caanka aha ee Talyaaniga ee Kristofar Kolombas ay u baxeen galbeed iyaga raacaya badda Atalantikada. Markay 36 cisho jeexeen badda bay si lamafi-laan ah ugu soo baxeen gasiirada Bahamas oo ka tirsan qaaradda Amerika. Waxay la kulmeen dad Hindi u eg oo aha dadka loogu yeero Cali Beysteen (Native Americans), ama Hindida Amerika. Kolombas wuxu u mooday inu yimi Hindiya, dadka u la kulmayna yihiin Hindi. Sidaas baa mag-aca Hindida Amerika (America Indians) ku baxday. Waxa ku xigay in markii la ogaaday jiritaanka qaarada Ameerica, dad badan ka soo hayaamen Yurub oo degeen Qaaradaas.

Reer Yurub markay saldhigteen Amerika, waxay bilabeen ganacsi u dhaxeeya Yurub iyo Amerika, waxayna tabceen beero waweyn. Waxa ku xigay in dadkii ka soo hajiray dalalka Yurub ay dhisaan magaloyin ay ugu horaysay Jamestown oo ku taal gobolka Virginia ee dalka Maraykanka oo 1607 la dha-gax dhigay. Mudddo ka dib badmareenada reer Yurub waxa u suurto gashay inay ka waregaan salka Konfureed qaaradda Afrika (Cape Agulhas), si ay Aasiya u gaaraan. Markay ku guulaysteen tegida Aasiya, waxa isku xirmay ganacsigii Yurub, Afrika, Aasiya iyo Ameerika. Wuxu noqday ganacsi SEDDEX GEESOOD ah oo ka soo kaca Yurub oo isu mara Afrika iyo Aasiya iyo Ameerika, ugu dambaynna ku noqda Yurub. Waa ganacsigii loo bixiyay Seddex Gesood (Triangle Trade). Safarka Yurub ka soo baxa wuxu Afrika iyo Aasiya kenayay khamri, kuulo iyo wax aan dhaamin oo aan manfac lahayn. Aasiya wuxu ka qaadayay xawaash, Afrikana waxa laga qaadayay dad la addoonsanayo oo inta badan ka shaqay- nayay beeraha waayeyn ee reer Yurub ka hirgeliyeen Ameerika. Ugu danbayn safarku wuxu Yurub kula noqonayay xawaashka Aasiya iyo buuri iyo dheecaanka khasabka ee Amerika. Waxa u ahaa ganacsiga Yurub ka tanaaday ee ay kaga horumartay qaaradaha kale ee Addunka.

Beerihii waaweyna ee reer Yurub ka sameyeen Amerika waxay u bahdeen shaqaale badan. Hase ahaatee, dadkii loogu tegay Amerika ee Hindida Amerika iyo kuwiii Yurub ka yimi ee shaqadoonka ahaa wey u adkaysan wayeen kulkii iyo ka- neecadii Amerika oo intooda badani way le'deen. Waxa loo baahday dadka Afrika oo u adkaysankara cimilada Amerika oo ka shaqeya beeraha. Xalku waxa u noqday in la kordhiyo dadkii la adoonsanayay ee laga soo waariday qaaradda Afrika. Intii u dhaxaysay qarnigii 15aad iyo 18aad, waxa Afrika khasab looga afduubay 13 milyan oo qof, Amerikana waxa nolol ku gaaray 11 milyan.

Ganacsiga Dawga Xariirta (Silk Road) ee u dhaxeeya Jaayna (China) iyo Yurub waxa furay boqortooyadii Han ee Jaayna xukumaysay dhalashadii Nabi Ciise 130 sannadood ka hor. Waxa joojay 1453 boqortoyadii Cusmaniinta ee dhulka

Turkiga ka tisqaaday. Xidhitaanka wadadaas waxay sabab u noqotay reer Yurub inay ogadaan jiritaanka qaaradda America. Kumanaanka Afrikanka ah ee Amerika lagu addonsaday oo aan xaquuq lahayn baa dhisay Maraykanka maanta dunidu wada hiigsanayso.

Muddo markii dadka Yurub ka soo qaxay ku calanwaley-een qaaradda Amerika, waxa abuurmay 13 gobol oo u gu-maysanayay dalka Ingriisku. Muran ka dhashay cashhuur dhex martay dawladda Ingriiska iyo maamuladii gobolladii Maraykanka ka hirgaly baa sannadkii 1776 isu beddelay da-gaal dhex mara labada dhinac. Dhinaca Maraykanka dagaalka waxa hoggaaminayay nin la oran jiray George Washington oo ka mid ahaa guddiga dejiyay xeerka dalka Maraykanka.

Intaan dagaalku qarxin, gobolada Maraykanku waxay yesheen laba shir oo ay u dhammayeen goboladii abuurmay (Continental Congress I,II) oo ay isku raaceen inay Ingriis ka xoroobaan. Waxa shirka lagu go'aamiyay in warqad loo qoro dawladda Ingriiska oo waqtigaas uu xukumay boqor George III oo laga codsado madaxbanaanida goboladii abuurmay. Warqadda waxa loo xil saaray inu qoro nin la oranjiray Thomas Jefferson oo ka mid ahaa duqaydii bilaabay dhaqd-haqaaqa dhaliyay dawladda Maraykanka, ka dibna noqday madaxweynihii seddexaad ee dalka Maraykanka. Jefferson warqadduu qoray ee Boqorka Ingriiska loo gudbiyay waxa warka ku qoran ka mid aha:

"Waxan amminsanahay in aadanaha Ilaahay abuuray iyaga oo siman, kuna mannaystay xaquuqo aan laga qaadi karin oo ay ka mid yihiin nolosha, xoriyadda, iyo u halgganka nolol

[4]We hold these truths to be self-evident, that all men are created equal, that they are endowed by their Creator with certain inalienable rights, among these are life, liberty, and the pursuit of happiness, that to secure these rights governments are instituted among men." ThomasJefferson

fiican."[4] Dadka u Jefferson ka hadlayay ee sinnaanta ku dhasha kumo jirin dadka madow ee la addonsanayay. Thomas Jefferson marku warqadda qorayay wuxu laha in ka badan 600 oo addoon. Waqtigaas dadka cadaanku dadka madow ee ay addoonsanayeen waxa lagu tirinayay xoolaha oo waxay la mid ahayen lo'ada iyo fardaha. Boqorkii Ingriska ee waqtigaas Joorjigii 3aad, kama soo jawaabin warqadii Jeferson u qoray. Intaas ka dib waxa bilowday dagaal dabadheraaday oo lagu riiqday. Ugu danbayn Ingriiska waa laga adkaaday, waxana 1783 u ogolaaday madaxbannanida 13kii gobol oo ahaa goboladii waxqtigaas ka jiray dalka Maraykana, waxana lagu dhawaaqay dalka xorta ee la baxay Gobollada Midoobay ee Maraykanka (USA). Gobolladii 13ka ahaa wey kordheen waxayna noqdeen 20 muddo ka dib, waxana ka dhex bilowday muran u qaybiyay laba dhinac oo kala aha gobolladda waqooyiga oo 13 aha iyo kuwa konfureed oo 7 aha. Waxa la isku qabtay arrimo salkoodu aha dhaqaale. Gobolalda Waqooyigu waxay rabeen in la joojiyo addoonsiga dadka madow ee Africa laga soo waarido, gobolada Koonfurtuna waxay doonayeen in addoonsigu jiro oo dhaqalahooda oo ahaa tacabka beeraha oo suufku ugu muhimsana baa ku xidhna oo la'aantiis ay maslufayaan. Arinkaas khilaaf ka dhashy baa sababay in dagaal sokeeye oo socday intii u dhaxaysay 1861-1865 u ka dhex qarxo labada dhinac. Ugu dambayn, sannadkii 1863 baa madaxweynihii dalka Maraykanka ee waqtigaas oo ka soo jeeday gobolada waqooyi, Abraham Linkolan ku dhawaaqay inay xor yihiin dadkii adoonta ah ee Maraykanka lagu haystay. Laba sano kadib 1865na waxaa la jebiyay gobolladii konfureed ee doonayay in adoonsigu jiro, inkasta oo dalka Maraykana laga mamnuucay gaar ahaan dadka madow.

Markaan anagu magaalada Saint Louis tagnay ee laba maalmod nasannay baa maalintii seddexaad aroor hore nala jarmaadiyay oo nalagu qaaday baabuur oo nala geeyay xarunta hay'addii na qaabishay. Sida aan gadaal ka ogaannay dawladda Maraykanku dadka qaxootiga ee ay dalkeeda keento dejintooda waxay qandaraas ku siisa hay'ado ku baahsan dalka.

Maalintaas xarunta waxa laysugu keenay dad aan dhowr boqol ka yarayn oo laga kala keenay dunida dacaladeeda. Gaar ahaan dadkaasi waxay u badnayeen dad laga keenay dalalka Afrika iyo Bariga dhexe oo u badan dalalka dagaaladu ka socdeen ee Somaaliya, Suudan, Ciraq iyo dalalkii ka abuurmay burburkii dalkii shuuciga ee la oran jiray Yugoslavia oo ay ka mid ahayd Bosnia. Waxan ahayn dad dhibaato badan soo maray oo ay ka muuqato diif iyo daal badan. Waxa na qaabilay shaqaale hay'ada ka tirsan oo u badan dad hore qaxooti u aha. Dadka na qaabilay kuma faraxsanayn araggayaga oo waxaan xasuusinaynay siday u ekaayeen maalintay dalka Maraykanka qaxa ku yimadeen. Wax ixtiraam ama naxariis ah nooma muujinayn ee sidii xoolo deked laga dhoofinayo by kooxkoox noo qaybiyeen oo basas nagu gureen. Waxa nala geeyay xarunta caafimaadka dawladda hoose ee magaalada. Waxa nalagu xareeyay qolal is garab yaal oo miisas malafyo saaranyihiin dhex yaliin. Waxay bilaabeen inay xogtayada warqado ku buxiyaan.

Dadka qaxootigu aad bey u kala duwanaayeen. Waxay ahayeen kuwo cadcad oo aan badnayn oo ka yimi Bosnia, kuwo madmadow oo ka soo jeeda dalalka Afrika, iyo kuwo Carab iyo Hindi u eg oo la hubay inay ka yimaden Bariga Dhexe iyo Aasiya iyo kuwo midabkoodu dhinacna raacsanayn oo laga yaabo inay ahayeen Aasiyada fog.

Dadku waxay u badnayeen dad caato ah oo wey caddayd inayan nolol fiican hore u soo marin ama ay darxumo daashatay. Inta badan dadku waxay ahayeen waayeel iyo carruur. Waxa ku jiray dhallinyaro faraxsan oo la arkayay inay raagsanayaan dhadhamada nolosha birbirqaysa ee dalka Maraykanka. Waxa kale ka dhex muuqday dad da' ah oo xabaasha qarkeeda saaran oo u baahan meel ay dhinaca dhigaan oo godka ku sugaan. Waxa niyad xumo igu riday aragga dadka guryahoodii ka soo qaxay iyaga oo faramaran si ay naftooda u badbaadiyaan.

Markii diwaangelintii noo dhammaatay, waxa naloo sheegay in Sabtida iyo Axada marka laga reebo aannu maalin walba aroortii nalaga rabo in aan nimaadno xarunta hay'adda na dejinaysay si aan u qaadano casharo ku saabsan afka Ingriiska iyo taariikhda, dhaqanka iyo shuruucda dalka Maraykanka iyo xeerka gobolka aan joogno ee Misuuri. Waxa nala siiyay tigidyo basraac, hase ahate qof walba sidu subax walba u xarunta ku imanayo isaga xor u ah baa naloo raaciyay.

Maalintii ku xigtay markan aroortii xarunta nimi waxa mar labaad nalagu guray basas, waxana naloo dhaqaajay Xarunta Caafimaadka ee dawladda hoose ee magaalada si caafimaadkayaga loo baaro. Dhisme weyn iyo hool qolal yaryar oo badan ku yaalliin baa nala geeyay, kuraas safana waa nala fariisiyay. Qolalka marba waxa soo galeyay qof dhar cad xiran oo hadal la'aan qof ama koox wada socota kaxaynaya oo qol kale gaynaya. Aniga iyo reerkayga markii nala soo gaaray baa nala geeyay qolalka mid ka mid ah oo hadal la'aan nala talaalay. Waxa muddo qaadatay dhiig, kaadi, candhuufo iyo raajo nagala qaadayay. Ugu dambayn waxa la ii dhiibay kiishash ay ku jiraan kiniinka Tbda (qaaxada) ee la yirahdo tanbitol oo ay ku dul qorantahay in qof walba oo reer ka mid ahi maalin walba hal kiniina liqo muddo lix blood ah. Waxa naloo sheegay in dadka Maraykanka soo gala ay khasab tahay inay kiniinka TBda qaataan muddadaas.

Markay noo dhammaatay baaristii caafimaadku, waxa naloo gudbiyay magaalada dhinaceeda kale xafiis ku yaalla oo ah xafiiska Maamulka Dammaanadda Dadweynaha (Social Security Administration) oo diiwaangeliya dadka ku nool dalka Maraykanka, ama ha u dhasheen ama qax ha ku yimadeene. Qof walba waxa la siiyay tiro ka kooban 9 raqam ama xaraf (Social Security Number) oo lagu aqoonsado qofku yahay. Xafiisku wuxu u xil saaranyahay daryeelka qof kasta oo dalka Maraykanka ku nool. Meel kasta oo qofku dan u yeesho waa inu sheego magaciisa oo buuxa, kadibna raaciyo tirada gaarka u ah (social security number).

Marka laga hadlaayo shaqoyinka dalka Maraykanka gaar ahan dadka da'doodu u dhaxayso 16 ilaa 62, waxaa loo qaybiya seddex koxood. Kooxda kowaad waa koox aan xirfad shaqo lahayn (unskilled). Kooxda labaadna waa xirfadley (Skilled) oo yaqaan farsamooyin, sida korontada, dhismaha guryaha, farsamada baabuurta iyo waxa la midka ah. Kooxda seddexaad waa aqoonyahannada, sida macallimiinta, dhakhatiirta, injineerada iyo wixii la midka ah. Dadka Somaaliyed ee qaxa ku tagay dalka Maraykanka, waxa badankoodu ku biiren kooxda kowaad ee aan xarfid lahayn. Kooxdan oo u badan dadka saboolka ah, waxay inta badan ku tirsantahay taakulada dawladda.

Markay noo dhammaatay baaristii caafimaadka iyo diwaangelintu waxa nalagu wargeliyay inaan carruurta u diro dugsiyada, dadka waweynna aroor walba yimaadaan xafiiska oo ay qaataan casharo iyo xog la xiriirta nolosha magaalada oo ay ka mid tahay sida loo raaco gaadiidka dadweynaha, dukamaysiga, bixinta biilasha, shaqo raadinta, iwm. Waxa arrimahaas garab socday barashada afka Ingriiska, taariikhda dalka Maraykanka iyo taariikhda gobolkaan ku soo degnay ee Misuuri. Arrinka aad iyo aad loogu celcelinayay waxa u aha xaquuqda u leeyahay iyo xilka saaran qof kasta oo Maraykan ku nool.

Arrinka ugu weyn ee welwelaka igu abuuray waxa u ahaa dhaqanka cusub ee carruurtu ay dugsiyada kala kulmayaan. Carruunta waxa dugsiyada loo qaada 6da aroornimo, 7da aroornimana waa inay fadhiyaan fasalada. Waxa guryahooda lagu soo ceshaa ugu horayn 6da ilaa 7da fiidnimo ama ka dib. Dugsiga waxa lagu siiya quraac iyo qado maalin walba, marka laga reebo Sabtida iyo Axada oo ay guryahooda joogaan. Carruurta qaxootigu maalin oo dhan waxay ku dhex jiraan dhaqan qalaad oo aad uga fog kan dalalka ay ka yimadeen iyo kan Islaamkaba. Carruurtaydu maalintii ugu horraysay ee ay dugsiga aadayeen, waxay nagu yirahdeen, 'Macasalama Aabbe iyo Hooyo!' Waxa ii muuqatay maalmo ka dib inay odhandoonaan, 'Bye dad, bye mom!'. Waxay noqon bilowgii dhammaadka dhaqanka Islaamka iyo kan Somaalida ee nolosha cusub ee noo bilaabmatay.

Anigu waxan ka mid noqday dad aan badnay oo dalaka Maraykanka wax ku bartay oo afka Ingriiska yaqaanay oo shaqo helikaray. Muddo yar marakan jigay baan shaqo ka helay hay'adii i qaabishay ee International Institute. Waxan ka mid noqday shaqaalaha qaybta dejinta iyo wacyigelinta qaxootiga hay'adu qaabisho. Seddex sano markaan la shaqeeyay baan 1996 u bedeshay afiiska waxbrashada ee gobolka oo aan noqday macallin dugsiga sare ee maadada taariikhda ee dugsiga Roosvelt (Roosvelt High School). Muddo ka dib waxa lay bedelay Maxadka Caalamiga ee Soldon ,

(Soldan International Studies High School) oo aan ka dhigay madooyinka arrimaha bulshada. Ugu danbayn waxa lay be-delay Xafiiska Manahiijta magaalada Sent Luwis (Saint Louis Curriculum Office) oo aan ka noqday turjume iyo tafatire. Ugu danbayn waxaan bare sare (Adjuct Professor) ka noqday jaamacada Webster ee ku taal magaalada Sent Luwis.

Caws Jilaal waa Lamhuraan

Aad bey u adkayd in qaxootiga Somaalida ee Maraykan tegay ay ka guuran dhaqanka Somaaliyeed iyo CaqiidadaIslaamka. Wayeelku may qaadan dhaqanka Maryakanka oo ayan wax badan ka fahmayn. La qabsashada dhaqanka dadka Maraykanka oo kala gadisan waa ku adkaaday Somaalida. Inay u nooladaan qaabka bulshaday ku biireen ma fududayn.

Dalka Markaynka noloshu waxay ku dhisntahay dhaqan dadka inta badani ilaaliso. Waxa ka mid ah dhaqankaas qaabka guryaha loogu nolaado, inta qof ee hal guri degi karta, nadaafada laga rabo guryaha, ka qayb qaadashada bilicda xaafadda gurigu ku yaal iyo dhawrista amnniga iyo degganaanta nolosha xaafadda. Arrimahaasi waa xil saaran qof kasta oo ka mid ah bushada. Waa arrimo fahamkoodu dadka qaxootiga ah, gaar ahaan kuwa ka yimaada Afrika ee aan dhaqan shisheeye hore u arag ay aad ugu adagtahay.

Somaalidu dhib badan bey la kulmeen markii guri loogu talo galay 2 ilaa 3 qof ay degeen qoys ballaaran oo tobaneeyo qof ah. Guryaha oo hawadu ka xirantahay, xiligga kulaylaha waxa ku furan hawo qabaw, xilligga qaboobahana hawo kulul. Waxa dhibaato noqotay, marka gurigaas aan hawadu soo galayn, kana baxayn lagu kariyo cuntooyin lagu darayo xawaashyo ur kulul oo hawada raacaya oo dharka ku dhegaya. Dharkaas marka dadku xirtaan ee weliba ay cadar iyo barafuun marsadaan oo ay magaalada u baxaan, urtii kululayd, cadarkii iyo barafunkii waxay dhibaan oo la yaab ku noqota dadka aan Somaalida ahayn ee ay la kulmaan. Waxa khasab noqota in dadka ajnebiga ah ay ka durkaan ama sanka qabsadan markay u adkaysan wayaan carafta kulul ee dadka Somaaliyeed ka soo khankhamaysa. Waxa ka daran dumarka Somaalida qarkood oo is mariya cadaro culus oo sii xoojiya urta cuntooyinka oo aad iyo aad loo dhibsado. Waxa kale oo dhibaato ka timaada nadaafadda guryaha iyo hareerahooda oo aan xil layska saarin. Waxa kale oo la dhibsadaa habaynla'aanta cawska iyo dhirta daaradda guryaha ku yaal iyo ku shubida qashinka foostooyinka loogu talo galay. Nadaafada daaraddaha guryaha iyo hareerahooda waa xil saran dadka guriyaha ku nool, hase ahaate aan qaxootigu iska xilsaarin oo ay dhibaato uga timaado.

Qaxootigu waxay kale oo dhibaato kala kulmaan waxbarashada iyo Barbaarinta ubadka. Waa arrimo qaxootigu ku wareeraan markay Maraykanka ku cusbyihiin. Carruurta waxa fasalada lagu fariisiya da'dooda. Tusaale ahaaan, haddii ilmuhu yahy 9 jir, waxa la fariisiya fasalka 8aad, 12 jirkana waxa la fariisiya fasalka 9aad. Carruurta oo inta badan aan afka Ingriiska aqoon, guushooda waxbarasho waxay ku xirantahay waalidiinta oo gacan siiya. Markii qaxootigu Maraykanka ku cusbyahay inta badan carruurtu wey ka haraan waxbarashada markay la qabsanwayaan waxana ku dhaca mustaqbal xumo.

Xilka waalidiinta ka saaran waxbarashada ubadka inta badan ma gutaan. Sababta oo ah, intooda badan waxbarasho sooma marin, afka Ingriiskuna uma bilowna oo ubadka kama caawinkaraan casharada ama duruusta. Marka labaad guryaha kama jiro jawi ku haboon wax akhriska oo waa goob buuq, dawaasho telefiishin iyo sheekada dadka waaweyn taalo.

Waxa kale oo waalidiinta ku adkaata in carruurta yaryar ee dugsida hoose dhigta ay geyaan goobaha ay ka raacaan basaska dugsiyada gaynaya waagu marku dilaaco, fidkiina ku sugaan isla goobtii oo ka soo kaxeyaan, siiba xilliyada qaboobaha.

Mamulka dugsiyada oo rumaysan in walidiintu gudanayaan waajibka waxbarashada carruurtooda ee saaran, waxay si joogto ah ula socodsiyaan xaaladda waxbarashada ubadkooda, iyaga oo fariimo qoraal u badan u dira, sannadkana dhowr jeer ku martiqaada dugsiga inay yimadaan. Hase ahaate, waalidiitu inta badan kama jawaabaan fariimaha dugsiyada uga yimaada oo waxa ugu wacan aqoon la'aanta afka Ingriiska iyo ardaydii laga warbixinayay oo waalidka fariimaha u akhriya oo aan u sheegin dhaliilahooda. Haddii waalidku ajiibo martiqadka oo dugsiyada tagana waxa macallinka u tarjima carruurta oo laga yaabo inay waalidka u sheegaan waxaan macallinku ama maamulka dugsigu ayan oran. Waxa laga yaaba marka macallinka ama maamulka dugsigu yirahdo "Ilmahaagu waxbarashada waa ku liita", in ilmu waalidka ku yirahdo, "Waxay ku leeyahay, ilmahaagu waxbarashada waa ku fiicanyahay."

Arrinka kale oo waxbarashada carruurta qaxootiga kala dhantaala waa dhaqanka guryaha waalidiinta qaarkood. Qaar badan oo waalidiinta ka mid ah waxay ku kulmaan kolba guri iyaga oo ku dhafra sheeko ama ciyaarta turubka. Carruurta guryahaas ku nool oo ay sugayso jarmaadaha arooreed ee dugsiyadu, ma seexdaan oo waxa hurdada u diida buuqa dadka waayayn. Dadka waaweyn in badan oo ka mid ah, marka qaxooti loo aqoonsado oo dawladu biil u qorto, waxad mooda inaan xil saarayn. Dhaqankaas khalddan waxa ka dhasha in ubadku, wiilal iyo gabdhaba ka tagaan

waxbarashada. Qaar badan oo ubadkaas ka mid ahi waxay no-
qdaan danbiilayaal dadka dhibateeya ama waxay ku biiran
dhallinyarada darbiyada diroogada ku iibiya kuna cabba.
Dhallintaas habowday kuwo badan oo ka mid ah waxay u ba-
reeraan dhac iyo tuugada si ay u helaan lacag ay ku daboolaan
balwada ay qabatimeen. In badan oo carruurtaas ka mid ah
waxay ku dambeyaan xabsiyada, xabaalaha ama masaafuris
loo celiyo dalalkay ka yimadeen.

Dhibatada ay dhallinyaradu gaarsiinayaan naftooda waxa
ka daran tay u soo jiidayaan waalidiintooda. Iyaga oo
dhibaatadaas qaba, haddana waalidku ubadkoda xumaaday
dhibaatada haysata waxay eedda saraan meelo kale oo ay ka
mid tahay dhaqanka dalalka ay qaxa ku tageen. Waaladiinta
qaarkood, waxay waqti iyo hanti badan ku bixiyaan siday car-
ruurtoda Somaaliya ugu celinlahayeen. Waalidinta qaarkood
ilmuhu marku waxbarashada diido ee laasimo mandooriye,
waxay kula soo cararaan Somaaliya iyaga oo leh Quraanka
iyo dhaqanka ayaa la baraya. Hase ahaate, dadka Somaaliya
ku nool carruurta la soo cesho waxay ugu yeeraan 'dhaqan
celis' oo ah runtii waxa ay yihiin. Ubadkaas habaabay ma
ogola in nolosha ay la qabsadeen laga af qabto oo dalka So-
maaliya lagu cesho. Hase ahate, khasab iyo khiyaamo badan
ka dib baa kuwo badan dalka la keena waxbase kama faa'i-
idaan. Waxay la mid yihiin hilib qurmay oo in daray laga
dhigo la rabo oo aan suurtogal ahayn.

Carruurta dalka lagu soo celinayo ee la leeyahay diin iyo
dhaqan baa la baraya, waa ubad qaatay dhaqan qalaad oo u
arka in dhaqanka Somaalidu yahay mid dib u dhacay oo laga
guuray. Dhallintaas salaad iyo soon la'aanta ah, dhaqanka
gaalada bey qaateen oo ay kaga kalsoonyihiin kii awowgood
laga dhaxlay. Dhallintaasi sokeeye ma amminsana oo tol

waxay u yaqaaniin aabbaha, hooyada iyo walaalaha keliya. Ma ogola in wax la taro ama la caawiyo dadka Somaaliya ku nool ee tolka iyo qaraabada lah oo waxay u haystaan inay yihiin shisheeye.

Somaalidii ugu horeeyay ee qaxootiga ku gashay dalka Maraykanka laga soo bilaabo 1991, dhibatooyinka ay la kulmeen waxa ugu weyna dhaqaalaha. Qofku hadduusan shaqayn, dhakhliga soo galaa waa mid xaddidan oo aan dabooli karin baahidiisa. Dawladu xaalado dhaqaale oo kooban oo ay ka mid tahay carruurta rajada ama agoonta ah bey kab dhaqaale siisa. Taasi waxay qoysaska qaar ku kalifta inay raadiyaan ilo dhaqaale si ay baahidooda u xalliyaan oo marar bey denbi ku galaan. Waxa qaarkood ku dadalaan inay u gudban dhabaqadda dhexe ee bulshada. Waxa kale oo ay xil culus iska saraan oo dhibaato ku noqota, sidii ay wax u tarilahayeen dadkooda saboolka ah ee Somaaliya ama meelo kale ku nool, iyaga ka werwera waxbarashadooda iyo caafimadkooda.Waxa kale oo ay dhaqaale ku taageeraan tahriibinta dhallinyarada ay tolka yihiin ee badaha ku le'da.

Dhibaatoyinka badan ee ay Dadka qaxootigu la kulmaan inkasta oo ay ku dhafraan siday uga bixilaheen, haddana inta badan xal kaafi ah uma helaan. Waxa xaddidaya dadaalkooda, waa iyaga oo aan helikaran shaqooyin ay ka helaan mushar kaafiya oo bahidooda daboola. Intooda badan, sababaha shaqo macno leh inay helaan u diiday waa iyaga oo aan lahayn xirfad shaqo, afka Ingriiskana aqoon.

Dadka qaxootigu si baahida badan ee haysta ay u xalliyaan, qaarkood waxay dhaqaale ka raadiyaan meelo aan munaasib u ahayn qofka Soomaaliga ee muslimka ah. Kuwo waxay sheegtaan inay naafo yihiin, kuwo kalena waxa ay isku ridaan jirooyin aan laga bogsan. Qaar kale waxa ay xafiiska qoyska ee dawladda (family cervice) u shegaan inay kalatageen ninkii ama naagtii oo been ah si ay dhaqaale dawladda uga helaan. Inkasta sharcigu aabbaha farayo inu shaqeeyo oo carruurta koriyo, haddana raggu waxay sheegaan inay shaqo wayeen. Ceebtuse waxay soo baxda markii raggu habeenkiina haweenka dhuumasho u la xaajoodo, aroortiina ka kalahaan iyaga dharkooda tuurta ku sita. Waxa ka sii daran marka haweenku uur yeshaan oo ay dhalaan oo ay yirahdaan ilmaha waxa naga dhalay saaxiibkayaan oo ubadkii noqdo wicilo aan aabbahood la aqoon. Dawladu iyada oo ka warqabta dhaqankaas foosha xun, haddana kama qaado tallaabo iyada oo xeerinaysa arrimo badan oo dhibaato ka dhalan karto. Dawladu waxay tixgelin gaar ah siisa carruurta xaaladaas qalafsan ku nool oo ay ka dhawrta inay noloshooda iyo mus-taqbilkooda wax yeesho.

Waalidiinta qaar waxay carruurtooda ka dhaadhiciyaan in laxaadkodu kala dhimanyahay, iyaga oo ka dhaadhiciya inay u dhaqmaan sidii qof madaxa wax ka qaba oo aan u dhaqmikarin sidii qof caadi ah. Waxyaabaha ay carruurta ku khasbaan waxa ka mid inayan waxba barankarin oo ay dugsiga diidan. Carruurtu iyaga oo raacaya rabida waalidiinta oo dhakhatiirta khalday, waxa loo aqoonsada in laxaadkoodu kala dhimanyahay. Carruurta dhibtaas ku sugan daryelkoodu waa xil saaran dawladda intay ka god gelayaan. Iyada oo xaaladu sidaas tahay, haddana taakulada dawladu siinayso carruurtas waxa loo dhiibaya waalidiinta dhibaatada abuuray ee carruurta danbiga ka galay.

Dadka qaxootiga qaarkood waxay dhaqaale u raadsadaan kaniisadaha iyo sinigogyada (xarumaha diinta Yuhuuda) iyaga oo sheegta inay baahanyihiin oo dhibaato dhaqaale haysato am ay qateen diinta Masiixiga ama Yuhuuda. Inkasta oo aan cidina rumaysan oo la ogyahay inay dhaqaale yihiin, haddana iyada oo laga eegayo dhinaca dadnimada waxa la siiya taakulo. Waxa naxdin leh oo aad u fool xun marka la arko haween diric iyo khamaar xiran oo carruur jiidaya oo kaniisad suuqa ku dhex taal ka soo baxaya ama gelaya.

Qaxootig qaarkood si ay u helaan nolol, meelaha ay u baryo tagaan waxa ka mid ah xafiisyada guuryaha danyarta ee dawladu ugu talo gashay dadka saboolka ah ee loo yaqaan Guryaha Dadweynaha (Public Housing). Guryahaas oo lacag la'aan ama lacag aan badnayn lagu dego, qaxootigu aad bey ugu ladanyihiin, waxana u badbaada lacag badan oo ay kiro ku bixin lahayeen. Dhinaca kale waa danbi in qof awooda inu guri kiraysto u galo guryaha dawlada ee dadka saboolka ah. Inta badan dad Somaaliyeed oo kiro bixinkara ama guryo iibsankara baa ku jira guryahaas oo ku ilmo dhala oo ku nool nolol aan degganayn.

Arrin kale oo saameeyay qaxootiga Somaalida waa xaalada dhaqaale ee dalka Maraykanka oo dadku u guuro kolba gobolada shaqoonyinka dalku u bataan. Laga soo bilaabo sannadkii 1980, dadka Maraykanku waxay ka guurayeen gobolada ku yaal Waqooyi Bari iyo Bariga iyaga oo u guuraya gobolada badhtamaha iyo galbeedka ee dalka. Haddaba si dadka loogu hayo magaalooyinka shaqo la'aantu ka jirto ee laga guurayo si ayan u dhiman, dawladu waxay bixisa kaalmooyin badan oo ay ku jiraan gunooyin lacageed iyo guryo jaban ama lacag la'aan ah. Magaaloyinka laga guurayo ee dadka lagu celinayo waxa ka mid ah Kolombas oo ku taal gobolka Ohaayo iyo Miniyabolis oo ku taal gobolka Minnisota. Qaxootiga Somaalidu, iyaga oo ka faa'iidaysanaya xaaladaas bey gobolo badan oo lagu dejay ka soo guureen oo ku urureen labaas magaalo iyo kuwo kale oo ay ka mid tahay

Siyaatil (Seattle) oo ku taal gobolka Washington. Maanta dadka ugu badan ee Somaaliyed ee ku nool dalka Maraykanku waxay degganyihiin magaalooyinaka.

Dalka Maraykanka hay'adaha qaabilsan qaxootigu waxay wariyaan sheekooyin ka hadlaya dhaqanka qaxootiga yimaada dalka Maraykanka sida Somaalida, Fednaamka, Meksikaanka, iwm. Dhaliilaha Somaalida laga sheego waxa ka mid ah inay yihiin dad aan ballanka ilaalin, daawooyinka dhakhtarku u qoro aan u qaadan sida loogu talogalay, shaqada aan jeclayn. Waxa Somaalida lagu xantaa oo kale in ragga iyo haweenka isu dhaxay ay kala nooladaan si ay dhaqaale aan sharci ahayn dawladda uga helaan.

Qaxootiga Somaalidu iyaga oo ay haystaan dhibaatoyinkaas faraha badan ee aan soo sheegnay haddana inta badan wey ka soo gudbeen intii ka danbeysay 2000. In badan oo qaxootiga Soomaalida ka mid ahi waxay galeen naftihurid iyo dadaal aan kala go' lahayn si ay uga mid noqdaan nolosha saraysa ee dalka Maraykanka. In badan oo ka mid ahi waxay gaareen dabaqada bulshada labeenta u ah. Waxay in badan oo ka mid ahi guul muuqata ka soo hooyeen taclliinta, ganacsiga iyo siyaasada, waxayna kor u qaadeen dhaqanka Soomaaliyeed iyo Diinteena suubban. Qarkood waxay muujiyeen dadaal badan, waxayna ka soo dhalaaleen waxbarashada iyo nolosha. Kuwo badan oo dadkaas ka mid ahi waxay ku takhasuseen maadoyinka jaamacadaha lagu barto oo ay ku qaateen shahadooyin sare. Waxa soo baxay khubaro Soomaaliyeed oo ay ka mid yihiin dhakhatiir, siyasiin, injinero, iyo kuwo badan oo qorshayn kara nolosha iyo horumarka bulshada. Qaxotiga Somaaliyed ee dalalka debeda ku aflaxay, in badan oo ka mid ahi iyaga oo aqoon huwan bey ku noqdeen dalkooda hooyo ee Somaaliya si ay uga qayb qataan dib u dhiska iyo soo noolaynta qaranimadii duntay ee Soomalia. Waxay ka mid noqdeen hoggaanka ugu sareeya ee dalka, waxayna soo hooyeen guulo la mahadshay.

Somaalidu faa'iidooyink lagu farxayo ee ay soo hooyeen waxa ka mid ah iyaga oo ilaashay diintooda iyo dhaqankooda. Dadka Islaamka ah ee dalka Maraykanka qaxa ku taga, marka laga reebo Soomaalida waxay xooraan wax kasta oo muujinaya dhaqankooda oo ay ugu horeyaan dharka iyo luuqa ama afka. Soomaalidu waa dadka qura oo dhigi waayay labiskii dhaqankooda. Dumarku waxay ku adkaysteen ganbada iyo qarinta jirkooda. Ragu waxay laasimeen qamiiska iyo koofiyada iyo inay ku tukadaan meel kasta oo salaadu ku qabsato, xitaa hadday noqoto jidwyne baabuurtu is dhaafayso. Waxay diideen inay maydka sanduuq lagu rido markay aasayaan oo waxay ku kanfaan maradii caddayd. Dhaqanka Somaalida ee Maraykanka ku nool ee muujinaya dhaqanka Islaamka, waxa u bogay dad badan oo aan muslim ahayn oo soo galay diinta Islaamka. Waa run waxa jira dad yar oo liiday xiriirka qoyska Somaalida. Waxa kale oo la arkay dad ku faanaya dhaqan shisheeye oo ayan fahansanayn. Waxa in badan oo dadkaas ka mid ahi lumiyeen xigmadii dhaqanka Somaaliyeed ku dhisna. Si kastaba ha ahaate, guud ahaan raadintii nolosha ee ka dhshay dagaalkii sokeeye ee 1991 ilaa xad waa lagu guulaystay .

9 798888 722112 0